Menebröcker / Rebbe / Keil
Mir schmeckt's wieder

Die Autoren

Claudia Menebröcker gründete 2004 das Beratungsunternehmen CM Verpflegungskonzepte für Senioren. Sie ist Diätassistentin für Geriatrische Ernährungstherapie/VDD und Fachwirtin/Schwerpunkt Sozialwesen. Zum Thema Ernährung im Alter veröffentlichte sie zwei Bücher und zahlreiche Fachartikel.

Jörn Rebbe arbeitet als Betriebsleiter für den Caterer Rebional mit Sitz in Herdecke und hat bereits mehrere Kochbücher geschrieben.

Udo Keil gründete 2003 das Unternehmen volxkoch – Ihr Restaurant zu Hause. Er ist Koch und Hotelbetriebswirt.

Wir möchten uns herzlich für die Unterstützung durch Karla Schmidt und Nicola Westermann bedanken.

Claudia Menebröcker
Jörn Rebbe
Udo Keil

Mir schmeckt's wieder

Das Kochbuch für alte Menschen

INHALT

7 Essen und trinken mit Genuss

8 **Lecker und gesund**
8 Abwechslungsreiche Ernährung hält Sie fit
9 Zusammenstellung der Mahlzeiten

11 **Rund um Einkauf, Lagerung und Zubereitung**
14 Hinweise für die Lagerung
15 Utensilien für die Zubereitung

18 **Tipps und Tricks bei speziellen Problemen**
18 Wenn Sie keinen Appetit oder Durst haben
22 Wenn Sie ungewollt Gewicht verlieren

25 Rezepte – Jetzt schmeckt's mir wieder

26 **Zum Frühstück**

32 **Suppen und Eintöpfe**

42 **Mittagessen**

78 **Kleine Gerichte**

98 **Süßspeisen und Desserts**

110 **Abendessen und Salate**

124 **Leckereien für Gäste**

136 **Register**

Einfach und schnell
Die Rezepte in diesem Kochbuch sind für Ungeübte leicht nachzukochen, so dauert die Zubereitung einer Hauptmahlzeit nicht länger als 30 Minuten. Mit wenigen Zutaten, die nicht viel kosten, kochen Sie im Nu leckere Gerichte, die Sie gesund erhalten.

Gemütliche Atmosphäre
Wenn Essen und Trinken nur geschieht, weil man eben essen und trinken „muss", ist es weder mit Lust noch mit Genuss verbunden und kann zu einer mühsamen Angelegenheit werden, vor allem, wenn Sie wenig Appetit haben. Ein hübsch gedeckter Tisch hingegen steigert die Lust aufs Essen. Nehmen Sie nicht nur das Alltagsgeschirr, sondern auch mal „das Gute", wenn Sie welches besitzen. Wenn dann noch eine Serviette und eine frische Blume den Essplatz verschönern, setzt das ein besonderes i-Tüpfelchen.

VORWORT

Liebe Leserinnen und Leser,

Essen und Trinken hält Leib und Seele zusammen! Duftende Mahlzeiten lassen uns das Wasser im Mund zusammenlaufen. Eine Einladung zum Essen ermöglicht fröhlichen Austausch. Ein Gericht aus Kindertagen kann schöne Erinnerungen wecken. Ein leckeres Menü lässt uns schwärmen und Schokolade macht viele Menschen tatsächlich glücklich. Darüber hinaus sorgen verschiedene Nährstoffe dafür, dass wir uns gesund und leistungsfähig fühlen.

Wenn die eigene Versorgung auf Grund körperlicher Beeinträchtigungen nicht mehr ohne Probleme möglich ist, bedeutet das für viele Menschen eine spürbare Einschränkung der Lebensqualität, die sich auf ihr Wohlbefinden und ihre Zufriedenheit auswirkt.

In diesem Buch wollen wir Ideen und Möglichkeiten aufzeigen, mit denen Sie Ihre selbstständige Speisenversorgung auch im Alter möglichst einfach umsetzen können, damit Essen und Trinken lange mit Lust und Genuss verbunden bleiben. Der erste Teil des Buches bietet Ihnen zahlreiche Tipps und vielfältige Informationen zu Einkauf, Lagerhaltung und Zubereitung. Im zweiten Teil können Sie einfache Rezepte für leckere und gleichzeitig gesund erhaltende Speisen entdecken. Sie finden Anregungen für Frühstück und Abendessen, für Suppen und Eintöpfe und ebenso für kleinere und größere Hauptmahlzeiten. Auch an kleine Delikatessen für Gäste wurde gedacht.

Claudia Menebröcker, Jörn Rebbe und Udo Keil
im Februar 2012

Essen und trinken mit Genuss

Abwechslungsreich zu essen, hält Sie fit. Wie Sie Ihre Mahlzeiten zusammenstellen, welche Lebensmittel geeignet sind und wie Sie gleichzeitig Ihre persönlichen Vorlieben pflegen, erfahren Sie in diesem Kapitel.

Essen und trinken mit Genuss

Lecker und gesund

Lecker und gesund – das scheint nicht recht zusammen zu passen. Wir zeigen Ihnen, wie leicht beide Ansprüche aber doch „unter einen Hut" gebracht werden können. Genuss ist ein wichtiger Aspekt für eine gesund erhaltende Ernährung. Nur wenn es schmeckt, macht es Spaß und Sie bleiben dabei.

Im Laufe des Lebens entwickelt jeder Mensch seine Eigenheiten, Wünsche und Vorlieben in allen möglichen Lebensbereichen. Sie sind Ausdruck der Persönlichkeit. Das lässt sich bei der Kleidung feststellen, beim Tagesrhythmus eines jeden Einzelnen und ebenso bei Freizeitverhalten und Hobbys. Auch beim Essen und Trinken entwickelt jeder eine individuelle Essgeschichte, die mit zunehmendem Alter mehr Bedeutung bekommt. Dazu gehören neben der Speisen- und Getränkeauswahl auch die Uhrzeiten, zu denen gegessen wird oder auch die persönliche Tischkultur, die einem mehr oder weniger wichtig ist. Behalten Sie das, was Ihnen wichtig ist, bei.

Die Rezepte in diesem Buch sind eher traditionell, um den Vorlieben alter Menschen gerecht zu werden. Sie sind als Vorschläge gedacht. Natürlich lässt sich alles auch verändern und an andere Wünsche anpassen.

Abwechslungsreiche Ernährung hält Sie fit

Kein Lebensmittel allein enthält alle Nährstoffe, die wir brauchen. Das eine hat reichlich Kohlenhydrate für die Energieversorgung, ein anderes liefert wichtiges Eiweiß, ein weiteres versorgt uns mit Kalzium oder Vitaminen. Genießen Sie deshalb eine vielfältige Auswahl. Einige Grundregeln helfen, dabei nicht den Überblick zu verlieren.

Jeden Tag vier bis sechs Portionen Brot und Getreide:
Pumpernickel und fein gemahlenes Weizenvollkornbrot oder -toast liefern Ihnen neben Energie auch noch viele Ballaststoffe. Aber auch Stuten oder Milchbrötchen dürfen mit Genuss verzehrt werden. Wenn Sie keine Lust auf Brot haben, essen Sie Haferflocken als Müsli oder Suppe oder versuchen Sie auch einmal Vollkornzwieback oder Vollkorn-Flakes mit Milch. Eine große Portion Kartoffeln, Reis oder Nudeln ergänzen die gute Versorgung.

Fünf Portionen Obst und Gemüse am Tag –
am besten zu jeder Hauptmahlzeit und auch als Zwischenmahlzeit. Eine Portion ist eine „Hand voll" Obst oder Gemüse. Frisch, aber auch gegart, getrocknet, als Kompott, Salat oder als Saft liefern sie Ihnen reichlich Vitamine und Mineralstoffe, die Ihr Immunsystem unterstützen.

Drei bis vier Portionen Milchprodukte am Tag
sichern die ausreichende Versorgung mit Eiweiß und Kalzium. Die Auswahl ist groß: Joghurt, Quark,

Käse, Milch, Buttermilch, Pudding, Milchsuppe, Grießbrei und vieles mehr. Wählen Sie aus, was Ihnen schmeckt.

Wissen

Laktoseintoleranz: Falls Sie Milchprodukte auf Grund einer Laktoseintoleranz (Unverträglichkeit von Milchzucker) nicht vertragen, kaufen Sie laktosefreie Produkte. Die gibt es inzwischen in großer Auswahl. Unverträglichkeiten wie Blähungen oder Durchfälle, die durch Milchzucker ausgelöst werden, werden dadurch verhindert.

Fleisch, Fisch und Eier – Abwechslung im Speiseplan ist gefragt:

Essen Sie zwei- bis dreimal in der Woche etwas Fleisch und Wurst, ein bis zwei Portionen Fisch, gedünstet, gebraten, geräuchert oder auch mariniert, und zwei bis drei Eier. Sie liefern Ihnen Eiweiß, Eisen, Jod und einige Vitamine. Das reicht aus, um von allen wichtigen Nährstoffen aus diesen Lebensmitteln genug zu bekommen.

Noch ein Wort zum Fett:

Meist essen wir mehr davon, als wir brauchen. Probieren Sie einfach mal, wie Ihnen fettarme Milchprodukte und Fleisch- und Wurstwaren schmecken und bei welchen Lebensmitteln Sie Fett sparen wollen.

Getränke fördern Ihre Durchblutung:

Wasser hat viele wichtige Funktionen im Körper. Neben der Durchblutung fördert es die Konzentration, ist wichtiges Transportmittel, sorgt für die richtige Körpertemperatur und verbessert außerdem die Verdauungstätigkeit. Schaffen Sie sich Gewohnheiten, die Ihnen helfen, ans Trinken zu denken, auch wenn Sie keinen Durst haben. Trinken Sie beispielsweise gleich nach dem Aufstehen ein großes Glas Wasser, trinken Sie zu festgelegten Zeiten, gewöhnen Sie sich daran, auch zu den Mahlzeiten etwas zu trinken. Bevorzugen Sie Leitungswasser oder Mineralwasser, Saftschorlen und verschiedene Tees. Schauen Sie einmal in einem Teegeschäft, wie vielfältig die Auswahl ist. Viele Tees schmecken warm genauso gut wie kalt. Auch Bohnenkaffee, Malzkaffee, Malzbier, Frucht- und Gemüsesäfte, Limonaden und Suppen tragen zur Flüssigkeitsversorgung bei.

Zusammenstellung der Mahlzeiten

Für die optimale Versorgung ist es einerlei, was genau Sie auswählen und essen. Achten Sie nur darauf, dass Sie aus allen Lebensmittelgruppen etwas auswählen. Es ist auch nicht wichtig, ob Sie mittags oder abends warm essen. Machen Sie das einfach so, wie es in Ihren Tagesablauf passt. Essen Sie aber am besten jeden Tag eine warme Mahlzeit. Die folgenden Übersichten zeigen Beispiele mit vielen Auswahlmöglichkeiten, die lecker und auch noch gesund sind.

Essen und trinken mit Genuss

Beispiele für eine gute Ernährung

Lebensmittelgruppen	Rezeptbeispiele	
Zum Frühstück		
2 Tassen/Gläser eines Getränk 2 Portionen Getreide/Brot 1 Portion Milchprodukt 1 Portion Obst	- Kaffee, Tee, Wasser oder Schorle - Brötchen mit Käse, dazu frisches Obst - Grahambrot mit Quark und Marmelade, dazu Banane	- Joghurt-Früchte-Müsli (S. 28) - Porridge (Haferbrei) mit Erdbeeren (S. 26) - Zwieback mit Milch und Mandarinen (S. 29)
Zwischendurch		
1–2 Tassen/Gläser eines Getränks 1 Portion Getreide/Brot 1 Portion Obst oder Milchprodukt	- Kaffee, Tee, Wasser, Schorle oder Limonade - Brot mit Quark - Vollkorn-Flakes mit Milch	- Toastbrot mit Butter und Kompott - Zwieback und Kompott - Kekse und Fruchtbuttermilch
Zum Mittagessen		
1 Glas eines Getränks 1 Portion Fleisch, Fisch oder Eier 1 Portion Gemüse 1 Portion Kartoffeln, Nudeln, Reis oder anderes Getreide 1 Portion Milchprodukt und/oder Obst	- Wasser, Schorle oder kalter Tee - Frikadelle mit Erbsen und Möhren und Kartoffelpüree (S. 44) - Lachsfilet mit Blattspinat und Kartoffeln (S. 74) - Senfeier mit Kartoffeln und Roter Bete (S. 80)	- Käseravioli mit Tomatensauce und Salat (S. 69) - Herzhafter Pfannkuchen mit Gemüse (S. 91) - Quarkspeise mit Früchten (S. 105) - Beerenkaltschale (S. 96)
Nachmittags		
2 Tassen/Gläser eines Getränks 1 Portion Getreide/Brot/Gebäck 1 Portion Obst oder Milchprodukt	- Kaffee, Tee, Wasser oder Schorle - Obstkuchen - Waffeln mit Kirschen (S. 131)	- Grießschnitten mit Kompott (S. 103) - Kekse und ein Glas Saft oder Milch
Zum Abendessen		
1–2 Tassen/Gläser eines Getränks 1–2 Portion Getreide/Brot 1 Portion Wurst oder Fisch 1 Portion Milchprodukt 1 Portion Gemüse	- Tee, Wasser oder Schorle, Malzbier - Vollkorntoast mit Wurst und Käse, dazu eingelegtes Gemüse - Brot mit Käse und Tomaten, dazu Hering in Senfsauce	- Pumpernickel mit Zwiebelmett, dazu Essiggurken - Pellkartoffeln mit Kräuterquark und Salat (S. 80) - Kartoffelsalat oder Nudelsalat mit Würstchen
Am späten Abend		
1 Glas eines Getränks 1 Portion „was Sie wollen"	- Wasser, Schorle, Malzbier oder Limonade - Salzgebäck, Käsestangen	- Schokoriegel - Weingummi

Rund um Einkauf, Lagerung und Zubereitung

Es müssen erst allerlei Dinge erledigt werden, um überhaupt in den Genuss der leckeren Speisen und Menüs zu kommen. In diesem Kapitel geht es um alles „rund um die Mahlzeiten". Sie finden Tipps und Anregungen zur Erleichterung des Einkaufs, Hinweise für die Lagerung und Ideen, die Ihnen die Zubereitung der Gerichte leichter machen.

Der Einkauf ist für viele Senioren mit Schwierigkeiten verbunden. Die Auswahl im Supermarkt ist unübersichtlich, die Portionsgrößen passen nicht immer für den eigenen Bedarf, und wenn der Einkauf erst einmal geschafft ist, muss alles auch irgendwie noch nach Hause gebracht werden. Ein- bis zweimal in der Woche müssen frische Lebensmittel eingekauft werden, die nicht so lange haltbar sind. Planen Sie die warmen Hauptmahlzeiten immer einige Tage im Voraus und schreiben Sie dafür am besten eine Einkaufsliste. Diese Lebensmittel kaufen Sie frisch:

- Milch, Joghurt, Quark, Sahne
- Butter, Käse
- Fleisch- und Wurstwaren, Eier
- Obst und Gemüse
- geschnittenes Brot

Kaufen Sie frischen Fisch und Hackfleisch direkt am Tag der Zubereitung, da sie leicht verderben.

Lebensmittel für den Vorrat

Lebensmittel, die länger haltbar sind, müssen nicht jede Woche gekauft werden. Vielleicht haben Sie die Möglichkeit, größere Einkäufe

> **TIPP**
>
> **Kleine Mengen einkaufen**
>
> Viele frische Lebensmittel können Sie im gut sortierten Lebensmittelgeschäft in kleinsten Mengen kaufen. Eier sind einzeln zu bekommen, auch Käse und Wurst kann man an der Theke scheibenweise auswählen. Wenn Sie verpackten Aufschnitt kaufen, bevorzugen Sie kleine Verpackungseinheiten. Von einigen Sorten gibt es sogar 50-Gramm-Packungen. Lebensmittel-Discounter bieten leider oft nur große Abpackungen an. Viele Lebensmittel sind auch tiefgekühlt erhältlich und auf diese Art länger haltbar. Fleisch oder Fisch erhalten Sie als Tiefkühlprodukte, auch fast alle Sorten Gemüse. Geschnittenes Brot lässt sich gut in Portionen einfrieren. So haben Sie täglich frisches Brot, ohne es jeden Tag kaufen zu müssen. Innerhalb kurzer Zeit sind die einzelnen Scheiben aufgetaut. Sie können es auch toasten oder kurz in der Mikrowelle auftauen. Auch Wurst lässt sich portionsweise in Scheiben einfrieren, sodass Sie sie bei Bedarf kurzfristig auftauen können.

Essen und trinken mit Genuss

mit jemandem gemeinsam zu erledigen, der Ihnen hilft. Gut zu lagern sind die folgenden Lebensmittel, die Sie in größeren Zeitabständen kaufen können:
- Getränke wie Wasser, Säfte und Limonaden
- Tee und Kaffee
- Gewürze, Salz, gekörnte Brühe
- Zucker, Honig, Marmelade
- Mehl, Grieß, Haferflocken, Reis, Nudeln
- Zwieback, Knäckebrot
- Öl, Essig, Senf
- H-Milch oder H-Sahne, die nicht gekühlt werden muss
- Tiefkühlprodukte
- Konserven mit Obst, Gemüse, Fisch oder auch einzelne Fertiggerichte
- Kartoffeln

Praktische Fertigprodukte

Eine Vielzahl von Lebensmitteln und sogar ganze Menüs sind inzwischen küchenfertig geputzt oder verzehrsfertig erhältlich. Sie erleichtern Ihnen die Zubereitung. Allerdings sind die Produkte oft auch teurer, als wenn Sie sie selbst kochen. Gemüse beispielsweise erhalten Sie fertig geputzt in Dosen oder tiefgekühlt. Gefrorenes Gemüse gibt es sowohl ungewürzt als auch gewürzt, sodass Sie es nur noch erhitzen müssen. Rotkohl lässt sich so z. B. besonders leicht zubereiten. Salate können Sie auch geschnitten einkaufen. Verschiedene Kräuter sind tiefgekühlt zu bekommen. So lassen sich kleine Mengen leicht entnehmen, ohne dass Reste bleiben, die man möglicherweise gar nicht braucht.

Obst können Sie in Dosen oder auch tiefgekühlt kaufen. Gegenüber frischem Obst hat diese Variante den Vorteil, dass es länger haltbar und teilweise auch weicher ist. Frisches Obst wie Ananas oder Melone wird in einigen Geschäften auch in mundgerechten Stücken oder als Obstsalat angeboten. Es ist für den kurzfristigen Verzehr geeignet.

Fleisch ist für viele Senioren zu aufwendig in der Zubereitung, sodass sie nur selten Fleisch essen. In diesem Buch werden in den Rezepten verschiedene vorbereitete bzw. fertig zubereitete Fleischgerichte vorgeschlagen. Schnitzel gibt es fertig paniert, Sauerbraten, Rouladen und Gulasch sind in Dosen erhältlich, Frikadellen bekommen Sie gebraten und vakuumiert im Kühlregal. Wenn in der Verpackung mehr drin ist, als Sie brauchen, frieren Sie den Rest am besten gleich ein. Saucen zum Fleisch lassen sich in vielen Variationen einfach aus dem Päckchen anrühren.

Vorrat für alle Fälle

Legen Sie sich einen kleinen Vorrat mit fertigen Gerichten für einzelne Tage zu, an denen Sie nicht kochen wollen oder können, an. Dazu könnten gehören:
- tiefgekühlte Fertiggerichte wie Nudel- oder Gemüsepfanne
- Eintopfgerichte in Dosen
- Ravioli in Dosen
- Gemüse und Obst in kleinen Dosen

Auch folgende Produkte sind wichtig für die „Not-Reserve":
- Getränke wie Wasser und Säfte
- Tee, Kaffee
- Knäckebrot, Zwieback
- Kekse, Salzstangen
- Nudeln, Reis
- Haferflocken
- H-Milch
- Würstchen und Fisch in Dosen
- Streichwurst im Glas
- Schmelzkäse-Portionen
- Marmelade

Einkaufstrolleys als praktischer Begleiter:

Einkaufstrolleys haben sich als praktische fahrbare Einkaufshilfe bewährt. Neben den klassischen Trolleys, die in vielen Variationen zu bekommen sind, gibt es sogenannte Treppensteiger, mit denen Sie Stufen leichter überwinden können. Andere Trolleys sind mit

Rund um Einkauf, Lagerung und Zubereitung

Kühlboxen ausgestattet, sodass die Waren optimal nach Hause transportiert werden können. Einkaufstrolleys gibt es auch mit Klappsitz oder mit abnehmbaren Taschen. Ebenso sind Rollatoren auf dem Markt, die gleichzeitig Einkaufstrolley und Gehhilfe sind. Lassen Sie sich in einem Fachgeschäft beraten, welche Einkaufshilfe für Ihre persönlichen Bedürfnisse am besten geeignet ist.

Essen auf Rädern für einzelne Tage

Essen auf Rädern lässt sich bei Bedarf für einzelne Tage bestellen. Wenn Sie an bestimmten Tagen aus irgendwelchen Gründen wenig Zeit haben oder Gerichte wie Sauerbraten oder Rouladen Ihnen zu aufwendig in der Zubereitung sind, bietet Essen auf Rädern die Möglichkeit, sich zwischendurch „bekochen" zu lassen. In vielen Orten gibt es Menübringdienste von Kirchengemeinden, Wohlfahrtsverbänden, Krankenhäusern, Seniorenzentren oder auch Gaststätten, Metzgern oder industriellen Anbietern. Das Angebot ist vielfältig: Von Hausmannskost über Trendmenüs bis zu diätetischen Speisen – tiefgekühlt, aufwärmbar oder servierfertig. Qualität, Service und Preis können je nach An-

TIPP

Lieferservices übernehmen den Transport

Viele Supermärkte bieten einen Lieferservice für den Einkauf an. Sie können diesen Service auf Wunsch auch nur für einzelne Produkte wie Getränke in Anspruch nehmen. Erkundigen Sie sich bei Ihrem Supermarkt nach dieser Möglichkeit. Inzwischen gibt es auch verschiedene Anbieter, bei denen bequem über das Internet bestellt werden kann. Wenn Sie selbst keinen Computer benutzen, bitten Sie jemanden aus Ihrer Familie oder Bekanntschaft, die Bestellung mit Ihnen gemeinsam zu machen.

bieter stark variieren. Schauen Sie sich die Angebote in Ihrem Ort genau an und bestellen Sie Probemenüs, um zu prüfen, was Ihnen am meisten zusagt. Neben Qualität und Service sind auch die Lieferbedingungen zu beachten. Informationen und Beratung zu den Menüdiensten in Ihrem Ort erhalten Sie in städtischen Einrichtungen wie Seniorenbüros oder Sozialstationen und bei der Verbraucherzentrale.

Hinweise für die Lagerung

Der geeignete Lagerplatz und die passende Temperatur sind für jedes Lebensmittel unterschiedlich. Beachten Sie die richtige Lagerung, damit die Produkte nicht vorzeitig verderben und dadurch Ihre Gesundheit gefährden.

Bewahren Sie frische, leichtverderbliche Lebensmittel, die Sie wöchentlich einkaufen, im Kühlschrank auf. Diese Produkte müssen direkt nach dem Einkauf kühl gelagert werden. Achten Sie dabei darauf, dass länger haltbare Lebensmittel nach hinten gestellt werden.

Zubereitete Speisen, die Sie später essen wollen, gehören ebenfalls in den Kühlschrank und sollten nach spätestens zwei Tagen verzehrt werden. Länger haltbar sind sie nur, wenn Sie sie direkt nach der Zubereitung einfrieren.

Für die mittelfristige Lagerung von etwa drei bis sechs Monaten eignen sich tiefgekühlte Produkte, Öle und Kartoffeln. Das Mindesthaltbarkeitsdatum soll dabei nicht überschritten werden. Tiefgekühlte Produkte dürfen nach dem Auftauen nicht wieder eingefroren werden, da sich darin dann Keime vermehren könnten. Achten Sie auch bereits beim Transport darauf, dass die Lebensmittel nicht auftauen.

Für die langfristige Lagerung im Vorratsschrank sind beispielsweise Konserven und Trockenprodukte geeignet. Sie sind bis zu einem Jahr lang haltbar. H-Milch, Kondensmilch, Senf, Mayonnaise oder Remoulade und Marmelade sind ungeöffnet auch bei Zimmertemperatur recht lange haltbar. Kaufen Sie auch hier eher kleine Verpackungseinheiten, lagern Sie diese Produkte kühl und verbrauchen Sie sie rasch, sobald sie geöffnet sind.

Ablaufdaten im Blick haben

Das Mindesthaltbarkeitsdatum gibt den Zeitpunkt an, bis zu dem ein Lebensmittel unter Einhaltung der aufgedruckten Lagerbedingungen mindestens seine Qualitätseigenschaften behält. Das Mindesthaltbarkeitsdatum bezieht sich dabei immer auf die ungeöffnete Packung. Nach Ablauf des Mindesthaltbarkeitsdatums können die Lebensmittel noch verzehrt werden, es sind aber Einbußen der

Rund um Einkauf, Lagerung und Zubereitung

> **TIPP**
>
> **So vermeiden Sie Schädlingsbefall**
>
> Schädlingen lässt sich vorbeugen durch den Einkauf intakter Verpackungen und durch Lagerung in trockenen, kühlen und luftigen Räumen. Lagern Sie die Produkte in gut schließenden Behältern aus Glas, Metall oder Kunststoff. Achten Sie auf das Haltbarkeitsdatum der Lebensmittel. Vorratsschränke müssen regelmäßig gereinigt werden. Die regelmäßige Entsorgung von Abfällen verhindert außerdem Gerüche, die Schädlinge anlocken.

Qualität möglich. Leicht verderbliche Lebensmittel wie Hackfleisch, Geflügelfleisch oder Vorzugsmilch haben ein sogenanntes Verbrauchsdatum. Nach diesem Datum dürfen sie nicht mehr verzehrt werden.

Wenn doch mal etwas schlecht wird

Ein unangenehmer, saurer oder auch traniger Geschmack bei Fleisch, Wurst oder Milchprodukten zeigt an, dass ein Lebensmittel verdorben ist. Verwerfen Sie diese Produkte, um Gesundheitsgefährdungen auszuschließen. Bei eingeschränkter Geschmackswahrnehmung wird ein verdorbenes Lebensmittel jedoch eventuell gar nicht erkannt. Hier sind die Küchenhygiene und die Beachtung des Mindesthaltbarkeitsdatums deshalb umso wichtiger, um Magen-Darm-Erkrankungen zu verhindern.

Auch von Schimmel befallene Lebensmittel sind verdorben und müssen entsorgt werden. Es lässt sich nicht mit bloßem Auge erkennen, wie weit die Schimmelpilze in das Lebensmittel hineingewachsen sind. Werfen Sie deshalb schimmeliges Obst, Marmeladen, Brotscheiben, Milchprodukte und anderes weg.

Utensilien für die Zubereitung

Jetzt geht es ans Kochen. Sie finden in diesem Abschnitt die Gerätschaften und die möglichen Hilfsmittel für die Zubereitung.

Diese Küchenutensilien gehören zur Grundausstattung:
- 2 bis 3 kleine und mittlere Töpfe mit gut schließendem Deckel
- 1 mittlere beschichtete Pfanne mit Deckel
- 1 Auflaufform
- 1 Pfannenwender aus Kunststoff
- 1 Schaumlöffel
- Rührlöffel
- Schneebesen
- 2 bis 3 kleine Küchenmesser
- 1 großes Schneidemesser
- 1 Brotmesser
- Sparschäler
- 1 bis 2 Schneidebretter aus Kunststoff (für Fleisch, Fisch, Gemüse u. ä.)
- 1 Schneidebrett aus Holz (für trockene Produkte wie Brot)
- 1 Sieb zum Hinstellen
- Messbecher
- Kartoffelstampfer aus Edelstahl
- Haushaltswaage
- Gefrierbeutel mit Verschluss-Clips
- Dosen in verschiedener Größe zum Aufbewahren und Einfrieren
- 1 Rührschüssel mit 1 Liter Fassungsvermögen
- 1 Rührschüssel mit 3 Liter Fassungsvermögen
- 1 Haushaltsschere

Die meisten Küchenutensilien sind heute für die Spülmaschine geeignet, selbst beschichtete Pfannen oder Kunststoffgefäße. Lediglich Schneidemesser sollten Sie von Hand mit heißem Wasser und etwas Spülmittel reinigen, da sie in der Spülmaschine stumpf werden. Auch gusseisernes Geschirr ist nicht spülmaschinengeeignet. Da es jedoch sehr schwer ist, wird es hier nicht empfohlen.

Praktische Küchenhelfer

Für manch heikle Küchentätigkeit wie Dosen öffnen oder Gläser aufschrauben gibt es sehr praktische Küchenhelfer. Sie sind in der Regel im Sanitätshaus oder im Internet z. B. unter www.thomashilfen.de erhältlich. Lassen Sie sich dort die Produkte zeigen und erklären und entscheiden Sie, was für Sie sinnvoll ist.

Dosenöffner mit dicken, rutschfesten Griffen liegen gut in der Hand und sind leicht zu bedienen. Spezielle Öffner helfen beim Öffnen von Dosen mit Ringlasche.

Verschlussöffner aus Gummi unterstützen die Kräfte der Hand und erleichtern so das Öffnen von Flaschen oder Gläsern.

Messer, Pfannenwender und Ähnliches mit verdickten und/oder gebogenen Griffen gewährleisten sicheren Halt bei eingeschränkter Handkraft, Arthrose oder Versteifungen des Handgelenks.

Schneidebretter mit Haltevorrichtungen sorgen dafür, dass Sie mit einer Hand arbeiten können. Durch erhöhte Ränder rutscht außerdem nichts vom Brett.

Antirutschmatten verhindern, dass Schneidbretter wegrutschen. Auch wenn Sie Kartoffeln stampfen oder Kuchenteig in einer Schüssel rühren, verhindert die Matte das Wegrutschen.

Weitere hilfreiche Haushaltsgeräte

Mit einem Wasserkocher lässt sich innerhalb sehr kurzer Zeit heißes Wasser für Tee oder auch löslichen Kaffee zubereiten. Auch einige Suppen oder Desserts erfordern für die schnelle Zubereitung lediglich heißes oder kochendes Wasser. Im Gegensatz zum Topf auf dem Herd sparen Sie mit diesem Gerät neben Zeit auch Energie. Wasserkocher sind preiswert in jedem Kaufhaus zu bekommen.

Ein einfacher Stabmixer eignet sich prima für das Pürieren von Suppen oder Saucen, aber auch von Obst und Gemüse. Er lässt sich leicht zusammen- und auseinanderbauen, in der Regel sind es nur zwei Teile. Er ist einfach zu reinigen, wenn sich der Mixfuß abnehmen lässt. Auch ein Pürierstab muss nicht besonders teuer sein. Achten Sie jedoch darauf, dass er mindestens drei Klingen und eine Leistung von mehr als 200 Watt hat.

Eine Mikrowelle ist vielseitig verwendbar. Sie eignet sich vor allem zum Erhitzen von einzelnen Portionen eines Menüs, aber auch zum kurzfristigen Auftauen, beispielsweise von Brot oder tiefgekühltem Obst. Wenn Sie sich ein Gerät zulegen wollen, achten Sie auf die Bedienfreundlichkeit. Meist reicht es, wenn die Mikrowelle einen Knopf für die Leistungsstärke und einen für die Zeit hat, die Sie unmittelbar einstellen können. Es muss kein digitales Gerät sein, auch nicht programmierbar, auch kein Kombigerät. Oftmals verwirren die vielen Funktionen mehr, als sie nutzen.

Machen Sie es sich nett

Wenn Essen und Trinken nur geschieht, weil man eben essen und trinken „muss", ist es weder mit Lust noch mit Genuss verbunden und kann zu einer mühsamen Angelegenheit werden, vor allem, wenn Sie wenig Appetit haben. Daher finden Sie hier ein paar Tricks, wie Ihnen Essen und Trinken wieder Spaß macht.

Decken Sie den Tisch schön und nicht nur praktisch

Sie wissen ja: Das Auge isst mit! Nehmen Sie nicht nur das Alltagsgeschirr, sondern auch mal „das Gute", wenn Sie welches besitzen. Decken Sie Ihren Essplatz mit Serviette und vollständigem Besteck ein. Eine frische Blume setzt ein besonderes i-Tüpfelchen. Auch ein Glas Wein zum Essen oder ein Schnaps danach gehören gelegentlich zum Vergnügen dazu.

Laden Sie Bekannte ein

Besonders gut schmeckt es in geselliger Runde. Kein Fest ohne Festschmaus, keine Einladung ohne zumindest ein Getränk, kein Besuch am Nachmittag ohne ein Stück Kuchen oder wenigstens einige Kekse. Laden Sie regelmäßig Bekannte ein. Sie müssen dafür kein 3-Gänge-Menü zaubern. Es geht oft einfach nur um eine freundliche Geste. Auch eine leckere Suppe oder ein überbackenes Toast drücken dieses aus. In diesem Buch finden Sie einige Rezepte für Gäste, die schnell und einfach gemacht sind (ab S. 125).

Gehen Sie aus

Gönnen Sie sich zwischendurch mal einen Tapetenwechsel und gehen Sie zum Essen aus. Das kann ein Besuch bei Bekannten sein, aber auch ein kleiner Ausflug ins Café oder auch in das Restaurant eines Kaufhauses. Wenn es Ihnen zu langweilig ist, sich allein dorthin zu setzen, nehmen Sie die Tageszeitung mit. Werfen Sie sich auch ein bisschen „in Schale" – das schmeichelt dem Selbstbewusstsein.

Besuchen Sie einen offenen Mittagstisch in der Gegend

„Platz nehmen und genießen" ist ein Motto der sogenannten offenen Mittagstische. Mehrgenerationenhäuser oder Seniorenrichtungen machen dieses Angebot für Menschen aus der Umgebung, in der Regel ein bis zweimal in der Woche, einige bieten es auch täglich an. Der offene Mittagstisch ist eine gute Gelegenheit, sich einfach mal bedienen zu lassen, und es gibt Raum für unkomplizierte Kontakte und Austausch mit anderen. Die Preise sind meist günstig und Ihre Wünsche werden berücksichtigt.

ESSEN UND TRINKEN MIT GENUSS

Tipps und Tricks bei speziellen Problemen

Verschiedene Beeinträchtigungen können die Ernährung erschweren. In diesem Kapitel finden Sie Ratschläge, wie Sie beispielsweise Bewegungseinschränkungen ausgleichen, welche Tricks bei Appetitlosigkeit helfen, wie Verdauungsbeschwerden gelindert oder Schluckbeschwerden kompensiert werden können.

Wenn Bewegungseinschränkungen die Nahrungsaufnahme erschweren, gibt es einige praktische Hilfsmittel, die Sie sich anschaffen können. Beispielsweise eine rutschfeste Unterlage anstelle eines Tischsets, die für sicheren Halt von Tellern, Tassen und Gläsern sorgt.

Eine Tellerranderhöhung wird mit Klammern am Rand eines Tellers befestigt. So werden Speisen beim Essen nicht über den Rand geschoben, selbst wenn Sie nur mit einer Hand essen können. Griffverdickungen für Besteck geben sicheren Halt bei eingeschränkter Handkraft, Arthrose und Versteifungen der Handgelenke. Dieses Besteck ist auch mit gebogenen Griffen erhältlich. Ein Trinkbecher mit konisch geformtem Innenbecher ermöglicht das Trinken ohne Neigung des Kopfes. Diese Hilfsmittel erhalten Sie im Sanitätshaus oder im Internet z. B. unter www.thomashilfen.de.

Wenn Sie keinen Appetit oder Durst haben

Bei Appetitlosigkeit ist es besonders wichtig, sich eine schöne Umgebung zum Essen zu schaffen. Bereiten Sie sich nur eine kleine Portion zu, damit Ihnen nicht gleich die Lust vergeht. Verschiedene Hausmittel können den Appetit anregen. Dazu gehören Pepsinwein, Kümmeltee, Wermuttee oder -wein, Bitter-Elixier und Amara-Tropfen. Auch frische Luft und Bewegung fördern den Appetit. Wenn Sie nur wenig Appetit haben, versuchen Sie dennoch, folgende Mengen täglich zu verzehren, um eine Mindestversorgung mit allen wichtigen Nährstoffen zu gewährleisten:
- 1 warme Mahlzeit
- 1 Stück Obst, Kompott oder Saft
- 1 Portion Gemüse oder Salat, roh, gekocht oder als Saft
- etwa 1,5 Liter Flüssigkeit
- 1 Glas Milch und Joghurt, Quark oder Käse
- 1 Scheibe Vollkornbrot oder 1 Portion Getreideflocken
- mehrmals pro Woche 1 Stück Fleisch, Fisch oder 1 Ei

Mit dem Alter lässt das Durstgefühl bei vielen Menschen nach. Manchen ist auch der Toilettengang einfach lästig. Wenn noch eine Blasenschwäche dazu kommt, ist die ausreichende Flüssigkeitszufuhr oft sehr schwierig. Wie weiter vorne bereits erwähnt, hat Wasser jedoch ausgesprochen wichtige Funktionen und wenn Sie zu wenig trinken, macht sich das unmittelbar bemerkbar. Kopfschmerzen, Müdigkeit oder Konzentrationsstörungen, Kreislaufprobleme oder auch eine erhöhte Köpertemperatur weisen auf Wassermangel hin. Auch Verstopfung wird durch zu wenig Trinkflüssigkeit verstärkt. Machen Sie sich einen Plan, um regelmäßig an das Trinken zu denken. Beginnen Sie gleich nach dem Aufstehen mit einem großen Glas Wasser und trinken Sie im Laufe des Tages zu festgelegten Zeiten. Wenn Sie abends nicht mehr so viel trinken wollen, um nachts nicht aufstehen zu müssen, sorgen Sie dafür, dass Sie bis zum Mittag schon etwa einen Liter getrunken haben. Essen Sie außerdem wasserreiche Lebensmittel. Melonen, Trauben, Gurken, Tomaten, auch Rettich und Radieschen enthalten viel Flüssigkeit.

Sprechen Sie mit Ihrem Hausarzt über die Behandlungsmöglichkeiten von Blasenschwäche, falls Sie davon betroffen sind.

So könnte der Tag trotz geringem Appetit aussehen

Beispiel 1	Beispiel 2
Frühstück	
2 Tassen Tee Grießbrei	2 Tassen Kaffee 1 Scheibe Grahambrot mit Tomaten
Zwischendurch	
2 Tassen Tee 1 Banane	1 Glas Buttermilch
Mittagessen	
1 Glas Saftschorle Spiegelei mit Spinat und Kartoffelpüree	1 Glas Wasser Milchreis mit Zimt und Zucker, dazu Fruchtkompott
Nachmittags	
1 Glas Milch	2 Tassen Malzkaffee
Zwischendurch	
1 Glas Wasser	1 Glas Wasser
Abendessen	
1 kleine Flasche Malzbier 1 Scheibe Knäckebrot mit Quark, dazu Gurkenstücke	1 Glas Saftschorle Möreneintopf mit Würstchen

Essen und trinken mit Genuss

Bei Verdauungsstörungen

Die Formel gegen Verstopfung lautet: Reichlich Vollkornprodukte + Hülsenfrüchte + Gemüse + Obst (für die Ballaststoffversorgung) + 1,5 bis 2 Liter Flüssigkeit am Tag. Das ist jedoch für manch einen leichter gesagt als getan. Versuchen Sie, die Mengen ballaststoffreicher Lebensmittel langsam zu steigern. Hier sind einige Vorschläge zum Ausprobieren:
- Fragen Sie Ihren Bäcker nach fein gemahlenem Vollkornbrot.
- Essen Sie Weizenvollkorntoast statt Weißbrot.
- Probieren Sie Pumpernickel statt Mischbrot.
- Wie wäre es mit Vollkornkeksen? Einige Sorten sind sehr lecker.
- Testen Sie auch einmal Vollkornzwieback.
- Tauschen Sie Weizenmehl Type 405 gegen Type 550 aus.
- Probieren Sie Müsli aus feinen Getreideflocken.
- Vollkornnudeln haben einen schönen nussigen Geschmack.
- Kochen Sie einmal in der Woche Hülsenfrüchte.
- Essen Sie Beerengrütze mit Vanillesauce anstelle von Pudding.
- Beachten Sie die Empfehlung „5 mal am Tag" Obst und Gemüse.

Bei Unverträglichkeiten und Allergien

Wenn der Bauch nach dem Milchgenuss aufgebläht ist oder der Mund nach dem Verzehr von Ananas kribbelt, besteht wahrscheinlich eine Unverträglichkeit oder eine Allergie. Das sind grundsätzlich verschiedene Krankheitsbilder. Eine Unverträglichkeit, beispielsweise auf Milchzucker oder Fruchtzucker, macht sich im Magen-Darm-Trakt bemerkbar. Eine Allergie kann verschiedene Symptome wie Ausschlag der Haut, Schwellungen der Schleimhäute, Atembeschwerden, Durchfall oder Erbrechen zeigen. Die Ursachen sind sehr unterschiedlich und auch die Folgen können milde bis schwerwiegende Ausprägungen haben. An dieser Stelle lässt sich daher keine allgemeine Empfehlung für die Ernährung bei Unverträglichkeiten oder Allergien geben.

Voraussetzung für die Behandlung einer Lebensmittelallergie ist die eindeutige Diagnosestellung. Allergieauslöser sind beispielsweise Eier, Fisch oder Nüsse. Auch Milch, Sellerie oder Senf können zu allergischen Reaktionen führen. Die Ernährung soll dann nach persönlichen Gewohnheiten möglichst ausgewogen zusammengestellt werden und keine pauschalen Verbote beinhalten. Lassen Sie sich von einem Allergologen und einer Diätassistentin beraten. Ohne die individuelle Beratung wird oftmals mehr weggelassen, als notwendig ist.

Probleme mit den Zähnen

Bei Zahnproblemen wird oft eine weiche Kost bevorzugt, die eher zum „Lutschen" als zum Kauen ist. Manch einer wird dadurch zum „Pudding-Vegetarier", was die ausreichende Nährstoffversorgung erschwert. Die erste Frage ist natürlich, inwieweit Ihr Zahnarzt die Probleme behandeln kann. Besprechen Sie mit ihm die Möglichkeiten der Schmerzbehandlung oder auch die Anpassung einer schlecht sitzenden Prothese. Wählen Sie weiche Speisen aus, wenn das Kauen schwierig ist, achten Sie aber trotzdem auf eine vielseitige Auswahl. Hier sind Vorschläge, die das Kauen erleichtern:
- Essen Sie fein gemahlenes Vollkornbrot anstelle von grobem.
- Probieren Sie Vollkorntoast, anstatt auf Weißbrot zurückzugreifen.
- Zwieback oder Kekse lassen sich in Milch oder Kaffee einweichen.
- Essen Sie Obstkompott, wenn Ihnen frisches Obst zu hart ist.

- Auch Säfte aus 100 % Frucht liefern Ihnen Vitamine und Mineralstoffe.
- Kochen Sie Gemüse sehr weich oder bereiten Sie Cremesuppen aus Gemüse zu. Gemüsesäfte und weiche Salate sind ebenfalls kaufreundlich.
- Fisch und Eierspeisen sind in der Regel weich und leicht zu kauen.

Schluckstörungen sind häufiger, als man denkt

Etwa ein Fünftel der Menschen über 55 Jahren haben Probleme beim Schlucken. Anzeichen dafür können häufiges Verschlucken von Flüssigkeiten, das Gefühl des Steckenbleibens im Hals oder auch Husten und Räuspern nach den Mahlzeiten sein. Indirekte Hinweise gibt die Beobachtung, dass die Betroffenen weniger essen und trinken, die Auswahl der Lebensmittel unbewusst anpassen oder ungewollt Gewicht verlieren. Nehmen Sie diese Anzeichen ernst, wenn Sie sie feststellen, und besprechen Sie das Thema mit Ihrem Hausarzt. Gemeinsam mit einem Logopäden lässt sich herausfinden, wie die Beschwerden verringert werden können.

Ein wichtiger Aspekt, um die Beeinträchtigungen auszugleichen, ist die passende Konsistenz der Speisen und Getränke.

Getränke andicken

Falls Sie sich häufig an Getränken verschlucken, können Sie Getränke mit verschiedenen Produkten ein wenig andicken. Dann bekommt Kaffee beispielsweise eine saucenartige Konsistenz. Durch das Pulver verlangsamt sich die Fließgeschwindigkeit. Das trägt zur Erleichterung des Schluckens bei. Die Vorstellung von angedicktem Kaffee ist erst einmal befremdlich. Probieren Sie es einfach mal aus – manch einer ist überrascht, wie genussvoll es sich doch trinken lässt, wenn man sich einfach nicht daran verschluckt. Auch Säfte oder Wein lassen sich auf diese Art andicken. Es funktioniert wie Puddingpulver zum Kaltanrühren. Sie erhalten das Produkt, das speziell für das Andicken von Getränken gemacht ist, in Apotheken, lassen Sie sich dort zur Verwendung des Pulvers beraten. Auch natürliche dickflüssige Getränke wie Bananen- oder Pfirsichnektar oder Buttermilch und Milch lassen sich leichter schlucken als dünnflüssige wie Apfelsaft oder Wasser.

Weiche Konsistenz erleichtert das Schlucken

Ihnen selbst ist vielleicht auch schon aufgefallen, wenn Sie eher zu Kompott als zu frischem Obst greifen und das Gemüse vielleicht weicher kochen, als Sie es üblicherweise getan haben. Schluckstörungen lassen sich durch eine angepasste Speiseauswahl kompensieren. Empfohlen wird eine weiche Kost, ohne Krümel und Fasern. Sie soll möglichst homogen sein. Achten Sie trotzdem auf eine vielseitige Ernährung und essen Sie weiterhin reichlich Getreideprodukte, Obst und Gemüse. Passen Sie nur die Konsistenz der Speisen an Ihre Bedürfnisse an.

Schwierig zu schlucken sind Mischkonsistenzen wie Suppen mit Einlage oder Eintopf, faseriges oder krümeliges Fleisch und auch Gemüse mit Fasern wie Sauerkraut oder Bohnen. Pürieren Sie diese Speisen, falls sie Ihnen Probleme bereiten. Auch Milchprodukte mit Stücken wie Fruchtjoghurt lassen sich leichter schlucken, wenn sie püriert werden.

Nehmen Sie sich außerdem Zeit zum Essen! Mit Ruhe lässt sich auch genießen, wenn es etwas länger dauert.

Wenn Sie ungewollt Gewicht verlieren

Gewichtsverlust im Alter entwickelt sich oftmals kaum bemerkt. Appetitlosigkeit, Schwierigkeiten bei Einkauf oder Zubereitung oder andere körperliche Beschwerden können zu allmählich kleineren Essmengen und so zu einer ungewollten Gewichtsabnahme führen. Beobachten Sie Ihr Körpergewicht. Wiegen Sie sich einmal im Monat oder gucken Sie, wie gut die Kleidung sitzt. Wenn Rock- oder Hosenbund immer weiter werden, besprechen Sie dies mit Ihrem Hausarzt. Mit ihm können Sie klären, wie Sie mit Essproblemen umgehen können und welche Möglichkeiten der Behandlung es gibt. Möglicherweise sind Medikamente für Ihre Appetitlosigkeit (mit-)verantwortlich.

Wählen Sie energiereiche Lebensmittel aus, um die Zufuhr zu erhöhen. Bevorzugen Sie fettreiche Milchprodukte. Ergänzen Sie Speisen mit Ölen, Butter oder Sahne an, wenn Sie das mögen. Wählen Sie eher kalorienreiche Getränke wie Säfte, Limonaden oder Malzbier aus. Lassen Sie sich außerdem von einer Diätassistentin zur Speisenzusammenstellung beraten. Ihre Krankenkasse kann Ihnen Ansprechpartner für eine Ernährungsberatung nennen. Wenn Sie insgesamt nur wenig essen, kann der Arzt Ihnen überdies auch sogenannte hochkalorische Trinknahrung verschreiben.

So könnte der Tag bei Schluckstörungen aussehen

Beispiel 1	Beispiel 2
Frühstück	
2 Tassen Kaffee (ggf. angedickt) 1 Glas Pfirsichnektar 1 Scheibe Graubrot ohne Rinde mit Quark und Honig und 1 Vollkorntoast mit feiner Fleischwurst	2 Tassen Kaffee (ggf. angedickt) Haferbrei aus Schmelzflocken mit püriertem Aprikosenkompott
Zwischendurch	
1 Glas Hafermilch 1 Banane	1 Glas Buttermilch 1 Scheibe Vollkorntoast mit Gelee
Mittagessen	
1 Glas Saftschorle (ggf. angedickt) Fischfilet mit Schmorgurken und Kartoffelpüree Apfelmus	1 Glas Wasser (ggf. angedickt) Königsberger Klopse aus feinem Hackfleisch mit Kartoffeln und Roter Bete (S. 45) Quarkspeise mit pürierten Erdbeeren
Nachmittags	
1 Glas Milch 1 Stück weicher Kuchen	2 Tassen Malzkaffee (ggf. angedickt) 1 Milchbrötchen
Abendessen	
1 kleine Flasche Malzbier (ggf. angedickt) 1 Pfannkuchen mit Gemüse (S. 91)	1 Glas Saftschorle (ggf. angedickt) Tomatencremesuppe 1 Scheibe Grahambrot ohne Rinde mit Frischkäse
Am späteren Abend	
2 Schokoriegel	1 Glas Wasser (ggf. angedickt) 1 weiche Kiwi

Hinweise zu den Rezepten

Im Weiteren finden Sie viele leckere Rezeptideen. Die meisten sind für 1 Portion beschrieben. Dort wo die Zubereitung größerer Mengen sinnvoll ist, ist es ausdrücklich benannt.

Maximal zehn Zutaten
Lesen Sie sich vor der Zubereitung das komplette Rezept durch. So werden die Abläufe leicht verständlich.

Bei den Hauptgerichten sind immer komplette Menüs beschrieben, um Übersichtlichkeit für den Einkauf und auch die Zubereitung zu schaffen. Sie können die Menüs natürlich auch auf andere Weise kombinieren. Alle Rezepte haben maximal zehn Zutaten, auch die kompletten Menüs. Dabei sind Wasser, Salz und Pfeffer jedoch nicht berücksichtigt. Die Zubereitungszeit für jedes Rezept beträgt höchstens 30 Minuten.

Dazu kommen noch Gar- oder Backzeiten, in denen das Gericht dann aber „von alleine" fertig wird.

Bei vielen Rezepten werden Varianten vorgeschlagen, die weitere Abwechslung in den Speiseplan bringen. Es werden Tipps und Tricks für die Zubereitung genannt und überall wo Reste auftauchen, finden Sie Vorschläge, wie diese weiter verarbeitet werden können.
Die Temperaturangaben für den Backofen beziehen sich auf einen Ofen mit Ober- und Unterhitze. Die Temperatur für Umluft steht immer in Klammern dabei.

Folgende Maßeinheiten werden verwendet

Abkürzung	Maßeinheit
TL	Teelöffel
EL	Esslöffel
ml	Milliliter
l	Liter
g	Gramm
cm	Zentimeter
MSP	Messerspitze
Tasse	150 ml Inhalt
Min.	Minuten

Rezepte – Jetzt schmeckt's mir wieder

Entdecken Sie leckere Rezeptklassiker wieder ganz neu! Alle Rezepte gelingen schnell und ganz einfach – guten Appetit!

ZUM FRÜHSTÜCK

Porridge mit Erdbeeren
Haferbrei einmal anders.

▶ **Für 1 Person**
Gelingt leicht ⏱ **15 Min.**
¼ l Vollmilch · **3 EL** feine Haferflocken · **1 EL** Zucker · **2 Prisen** Salz · **1** Hand voll frische Erdbeeren · **½ TL** Vanillezucker · **1** Blatt frische Minze (gibt es frisch im Sommer)

- In einem kleinen Topf die Milch bei mittlerer Temperatur erhitzen. Haferflocken mit einem Schneebesen hineinrühren, aufkochen und auf kleiner Flamme weiter köcheln lassen, bis eine cremige Konsistenz erreicht ist, zwischendurch umrühren.

- Den Haferbrei mit Zucker und Salz abschmecken. Die Erdbeeren waschen, putzen, vierteln und in eine Schüssel geben. Vanillezucker darüber streuen und einmal umrühren. Den Haferbrei in einem tiefen Teller anrichten. Erdbeeren darauf verteilen und mit dem Minzeblatt garnieren.

Variante
- Der Haferbrei schmeckt auch gut mit tiefgekühltem, gemischtem Beerenobst.

Zum Frühstück

ZUM FRÜHSTÜCK

Joghurt-Früchte-Müsli

Lässt sich mit allen Obstsorten zubereiten.

▶ **Für 1 Person**
Gelingt leicht ⏲ 10 Min.

½ Tasse fertige Müslimischung (ca. 50 g) · 1 Becher Naturjoghurt (150 g) · **1 EL** Honig · **2 EL** Milch · **1** Hand voll frische Früchte (z. B. Erdbeeren, Banane, Weintrauben)

- Die Müslimischung in eine kleine Schüssel füllen. Naturjoghurt, Honig und Milch dazugeben und verrühren. Das Müsli beiseite stellen.
- In der Zwischenzeit die Früchte waschen und putzen. Das Obst in kleine Stücke schneiden und mit einem Löffel unter das Müsli heben.

Variante

- Sie können auch Haferflocken anstelle der Müslimischung verwenden.

Tipp

- Je länger das Müsli durchzieht, desto weicher werden die Getreideflocken und desto fester wird die Konsistenz. Wenn es zu fest ist, einfach noch einen Schluck Milch dazugeben.

Haferflockenmüsli mit Banane

Haferflocken sind köstliche Ballaststofflieferanten.

▶ **Für 1 Person**
Preisgünstig ⏲ 15 Min.

½ kleine Banane · ½ kleiner Apfel · **1** Spritzer Zitronensaft · **1 EL** gehackte Nüsse · **1 TL** Honig · **1** Prise Zimt · **1** Tasse Milch (150 ml) · **4 EL** Haferflocken (50 g)

- Die Banane schälen und die Hälfte auf einem Teller mit einer Gabel zerdrücken. Den Apfel waschen, eventuell schälen, vierteln und entkernen. Die Hälfte des Apfels fein reiben oder in kleine Stücke schneiden und zur Banane geben.
- Zitronensaft, Nüsse, Honig und Zimt, Milch und Haferflocken zum Obst geben und alles vermengen.

Variante

- Lecker schmeckt es, wenn Sie 2 bis 3 Blätter frische Minze in Streifen schneiden und unter das Müsli mischen.

Und das, was übrig bleibt?

- Den Rest von Banane und Apfel in Stücke schneiden und in eine gut schließende Frischhaltedose geben. Essen Sie das Obst später zwischendurch „im Vorbeigehen".

Joghurt mit Beeren und Zwieback

Ein beerenstarkes Frühstück.

▶ Für 1 Person
Gelingt leicht ⊙ 15 Min.

5 EL frische Beeren · **1 TL** Vanillezucker · **1** Becher Naturjoghurt (150 g) · **1 TL** Honig · **1** Spritzer Zitronensaft · **1** Blatt frische Minze · **2** Scheiben Vollkornzwieback

- Die Beeren waschen, in eine Schüssel geben und mit Vanillezucker bestreuen.
- In einem tiefen Teller den Joghurt mit Honig und Zitronensaft glatt rühren. Beeren zum Anrichten auf den Joghurt geben. Mit Minze dekorieren. Den Zwieback an den Rand legen.

Tipp
- Verwenden Sie tiefgekühlte anstelle der frischen Beeren. Diese werden etwa 30 bis 60 Min. vorher bei Zimmertemperatur aufgetaut.

Zwieback mit heißer Milch und Mandarinen

Schnell gemacht und alles Wichtige drin.

▶ Für 1 Person
Preisgünstig ⊙ 10 Min.

2 Tassen Vollmilch (ca. 300 ml) · **1 EL** Vanillezucker · **3** Scheiben Vollkornzwieback · **1** Portion Mandarinen aus der Dose

- In einem Topf die Milch mit dem Vanillezucker bei mittlerer Temperatur aufkochen. Den Zwieback auf einen tiefen Teller geben und die heiße Milch darübergießen.
- Zum Servieren Mandarinen in einer separaten Schale zum Zwieback reichen.

Variante
- Sie können auch jedes andere Obst dazu reichen.

Und das, was übrig bleibt?
- Den Rest der Mandarinen zum Dessert essen, für Quarkspeise oder für Obstmichl verwenden (S. 101).

ZUM FRÜHSTÜCK

Köstliche Sonntagsbrötchen

Frische Brötchen, ohne dass man einen Schritt vor die Tür muss.

▶ Für 2 Personen
Gelingt leicht ⊙ 5 Min. + 12–20 Min. Backzeit
1 Paket Frischteig-Brötchen oder Croissants (aus dem Kühlregal z.B. von Knack & Back) · **1** Bogen Backpapier

- Ein Backblech mit Backpapier auslegen. Die Packung öffnen und die Brötchen einzeln mit etwas Abstand auf das Backpapier legen.
- Für die Croissants die Packung öffnen und den Teig abrollen. Die einzelnen Dreiecke trennen. Die lange Seite der Dreiecke dann zur Spitze hin zu Croissants aufrollen. Diese auch auf das Backpapier legen.
- Den gewünschten Belag auf den Teig geben, eventuell leicht eindrücken. Die Brötchen bzw. Croissants nach Packungsangabe zubereiten. Kurz abkühlen lassen und die warmen Brötchen genießen. Sie sind nicht so kross und knusprig wie die vom Bäcker, eher zart, aber sehr lecker.

Varianten für den Belag:

- 2 EL Speck- oder Schinkenwürfel, 6 Scheiben Mozzarella, 2 EL geriebener Käse, 2 EL Mohn, 2 EL Sesam

Rosinenbrötchen mit Butter und Apfelmus

Süß und fruchtig macht glücklich.

▶ Für 1 Person
Geht schnell ⊙ 5 Min
1 Rosinenbrötchen · **1 TL** Butter · **5 EL** Apfelmus aus dem Glas

- Das Rosinenbrötchen halbieren und mit Butter bestreichen. Das Apfelmus direkt auf das Brötchen geben oder separat dazu essen.

Und das, was übrig bleibt?

- Apfelmus innerhalb der nächsten 3 bis 4 Tage aufbrauchen.

Tipp

- Etwas Zimt aufs Apfelmus geben. Apfelmus ist übrigens gezuckert, während Apfelmark nur den natürlichen Fruchtzucker enthält.

ZUM FRÜHSTÜCK

SUPPEN UND EINTÖPFE

Tomatensuppe mit Basilikum

Frisch, leicht und sehr aromatisch.

▶ **Für 2 Personen**
Gut vorzubereiten ⏱ **10 Min.**
1 kleine Zwiebel · **2 EL** Rapsöl · **1** Packung passierte Tomaten (500 g) · **1 EL** Zucker · **1 TL** gekörnte Gemüsebrühe · **3 EL** Sahne · Salz | Pfeffer · **1 TL** tiefgekühlter oder frischer Basilikum

- Die Zwiebel abziehen und fein würfeln. In einem Topf Öl bei mittlerer Temperatur erhitzen, die Zwiebelwürfel dazugeben und glasig dünsten.

- Die passierten Tomaten, Zucker, gekörnte Brühe und Sahne zu den Zwiebeln geben und unter stetigem Rühren aufkochen lassen.

- Die Suppe mit Salz, Pfeffer und eventuell noch etwas Zucker abschmecken, in einem tiefen Teller servieren und mit Basilikum garnieren.

Variante

- Eine kleine Menge Sahne mit einem Handrührgerät steif schlagen. 1–2 EL Gin in die Suppe rühren, auf einen Teller geben und mit Sahne und frischem Basilikum anrichten. Im Sommer schmeckt die Suppe auch kalt sehr lecker.

Tipp

- Anstelle der passierten Tomaten kann man die Suppe auch mit 3 EL Tomatenmark und einem ¼ Liter Wasser herstellen oder eine Tüte Tomatensuppe nach Herstellerangaben zubereiten und entsprechend verfeinern.

Suppen und Eintöpfe

SUPPEN UND EINTÖPFE

Rindfleischsuppe mit Nudeln und Eierstich

So gut wie frisch, aber viel schneller zubereitet.

▶ **Für 1 Person**
Gelingt leicht ⏲ **10 Min. + 15 Min. Garzeit**

½ Glas Rindfleischsuppen-Konzentrat (ca. 200 ml, z. B. von Larco) · **100 ml** Wasser · **2–3 EL** tiefgekühltes Suppengemüse · **2 EL** Suppennudeln · **1** Ei · **3 EL** Milch · Salz · Muskatnusspulver · **½ TL** tiefgekühlte Petersilie

- Suppenkonzentrat und Wasser in einem mittleren Topf erhitzen. Das Ei mit der Milch verquirlen, etwas Salz, Muskatnuss und die Petersilie dazugeben. Die Masse in einen kleinen Gefrierbeutel gießen und den Beutel fest verschließen.

- Suppengemüse, Nudeln und den Beutel mit Eiermilch zur Suppe geben und 10 bis 15 Min. leicht köcheln lassen, bis die Eiermasse stockt.

- Den Beutel aus der Suppe nehmen, auf einen Teller setzen und vorsichtig öffnen. Mit einem Esslöffel den Eierstich abstechen und direkt in die Suppe geben. Die Suppe mit Salz und Muskatnuss abschmecken und in einem tiefen Teller servieren.

Tipp

- Suppenkonzentrate gibt es von verschiedenen Herstellern. Das Mischverhältnis von Brühe zu Wasser variiert dabei. Achten Sie deshalb auf den Packungshinweis.

Leberknödelsuppe

Traditionell in der süddeutschen, österreichischen und tschechischen Küche.

▶ **Für 1 Person**
Geht schnell ⏲ **5 Min. + 10 Min. Garzeit**

1 Dose fertige Leberknödelsuppe (ca. 400 ml) · **2 EL** tiefgekühltes Suppengemüse · **1** Prise Majoran, gerebelt · **½ TL** tiefgekühlte Petersilie · Salz | Pfeffer · **2** Scheiben Toastbrot

- Die Suppe in einen kleinen Topf geben. Die Knödel halbieren, damit sie schneller warm werden. Suppengrün in die Suppe geben, erhitzen und kurz aufwallen lassen. 10 Min. langsam köcheln lassen. Mit Majoran abschmecken.

- Leberknödelsuppe in eine Suppentasse geben und mit Petersilie servieren. 2 Scheiben Toastbrot dazugeben.

Variante

- Verfeinern Sie Suppe mit Eierstich. Dafür 1 Ei mit 5 EL Milch verrühren. In einen Gefrierbeutel geben, den Beutel verschließen und nach Teebeutelprinzip für 10 Min. in der Suppe stocken lassen. Dann aus dem Beutel nehmen, in Würfel schneiden und in die Suppe geben.

Käse-Lauch-Cremesuppe mit Hackfleisch

Im Winter besonders lecker. Auch prima für Gäste.

▶ **Für 1 Person**
Geht schnell ⏲ 15 Min.
1 EL Rapsöl · **3 EL** Zwiebelmett · ¼ l Wasser · ½ Tüte Lauchcremesuppen-Pulver · **1** Ecke Sahneschmelzkäse · **1** Prise Muskatnusspulver · **1 TL** tiefgekühlter Schnittlauch

- In einem Topf das Öl bei mittlerer Temperatur erhitzen, Zwiebelmett dazugeben und hellbraun anbraten. Wasser zum Fleisch gießen, das Pulver hinzugeben und unter stetigem Rühren mit einem Kochlöffel aufkochen lassen. Schmelzkäse in die Suppe einrühren und mit Muskatnuss abschmecken.
- Die Suppe in einem tiefen Teller servieren und mit Schnittlauchröllchen garnieren.

Variante
- Geben Sie noch etwas frischen Lauch zum Fleisch und braten Sie diesen kurz mit, bevor Sie das Wasser aufgießen.

Und das, was übrig bleibt?
- Genießen Sie das übrige Zwiebelmett als Brotaufstrich. Knuspriges Brot mit Zwiebelmett, zusätzlich mit frischen Zwiebeln und Pfeffer bestreuen und dazu eine Portion Essiggurken – das ist ein zünftiges Abendessen.

Kräftige Bohnensuppe

Für den spontanen Skatabend oder die Herrenrunde.

▶ **Für 3–4 Personen**
Geht schnell ⏲ 15 Min.
1 Zwiebel · **2 EL** Rapsöl · **1** Dose Prinzessbohnen (800 g) · **1** Dose Weiße Bohnen (800 g) · **1** Dose gegartes Rindfleisch (400 g) · **1 EL** gekörnte Fleischbrühe · **1 TL** Bohnenkraut, getrocknet · Salz | Pfeffer · **1 TL** tiefgekühlte Petersilie

- Die Zwiebel abziehen und in Würfel schneiden. Öl bei mittlerer Temperatur in einem mittleren Topf erhitzen. Zwiebeln dazugeben und glasig dünsten.
- Die grünen und weißen Bohnen mit der Flüssigkeit aus der Dose zu den Zwiebeln geben. Gegartes Rindfleisch in Würfel schneiden, mit der gekörnten Fleischbrühe zu den Bohnen geben und alles unter gelegentlichem Rühren aufkochen lassen.
- Die Suppe mit Bohnenkraut, Salz und Pfeffer abschmecken, in tiefen Tellern servieren und mit Petersilie garnieren

Tipp
- Rindfleisch aus der Dose lässt sich leichter entnehmen, wenn man beide Seiten der Dose öffnet und das Fleisch am Stück herausdrückt.

Möhrencremesuppe mit Ingwer

Mit einem Hauch von Exotik.

- Die Zwiebel abziehen und würfeln. Möhren, Kartoffel und Ingwerwurzel waschen, mit dem Sparschäler dünn schälen und in kleine Stücke schneiden.
- Das Öl bei mittlerer Temperatur in einem Topf erhitzen. Die Zwiebelwürfel dazugeben und glasig dünsten. Geschnittene Möhren, Kartoffeln und den Ingwer zu den Zwiebeln geben und das Wasser angießen. Die gekörnte Brühe hinzufügen und alles unter Rühren aufkochen lassen. Die Suppe etwa 20 Min. köcheln lassen.
- Wenn das Gemüse weich ist, die Suppe mit einem Stabmixer pürieren, bis eine sämige Konsistenz entsteht. Sahne hinzugeben und mit Salz und Pfeffer abschmecken. Falls die Suppe zu dick sein sollte, einfach noch etwas Wasser zugießen. Die Möhrencremesuppe in einem tiefen Teller servieren.

▶ **Für 1 Person**
Gelingt leicht
🕐 15 Min. + 20 Min. Garzeit

- 1 kleine Zwiebel
- 2 mittelgroße Möhren
- 1 kleine Kartoffel
- 2 cm frische Ingwerwurzel (daumendick)
- 1 EL Rapsöl
- 2 Tassen Wasser
- 1 TL gekörnte Gemüsebrühe
- 3 EL Sahne
- Salz | Pfeffer

Variante

- Anstelle von frischem Ingwer können Sie Ingwerpulver verwenden. Außerdem kann beim Anschwitzen der Zwiebeln zusätzlich 1 TL Currypulver dazugegeben werden. Das unterstreicht die exotische Note der Suppe. Die Suppe schmeckt auch sehr gut mit Steckrüben anstelle von Möhren.

Das passt dazu

- Baguettebrötchen mit Kräuterbutter.

Es muss nicht immer Eis sein, auch eine Möhre passt auf den Stiel.

Klare Brühe mit Grießklößchen

Wenn es etwas Leichtes sein soll.

▶ **Für 1 Person**
Braucht etwas mehr Zeit
🕒 **15 Min. + 60 Min. Quellzeit**

- 2 EL Butter (60 g)
- 1 Eigelb
- Salz
- 6 EL Hartweizengrieß (60 g)
- 1 Prise Muskatnusspulver
- 1 TL tiefgekühlter Schnittlauch
- ½ Glas Rindfleischsuppen-Konzentrat (ca. 200 ml, z. B. von Larco)
- 100 ml Wasser

- Butter in einer Schüssel bei Zimmertemperatur weich werden lassen. Eigelb, Salz, Grieß und Muskatnusspulver dazugeben. Alles mit einer Gabel zu einer homogenen geschmeidigen Masse vermengen. Klößchenteig abdecken und 1 Stunde bei Zimmertemperatur stehen lassen.

- Das Suppenkonzentrat und Wasser in einen kleinen Topf geben und auf kleiner Flamme erhitzen. In einem zweiten kleinen Topf etwa ¾ Liter Salzwasser zum Kochen bringen. Die Flamme kleiner stellen, sodass das Wasser nur noch leicht köchelt.

- Mit 2 Teelöffeln aus der Grießmasse Klößchen formen und direkt ins Wasser geben. Die Löffel zwischendurch in kaltes Wasser tauchen. Sobald die Klößchen an der Oberfläche schwimmen, die Herdplatte ausstellen und noch 10 Min. ziehen lassen. Die Grießklößchen und den Schnittlauch auf einen Teller geben und mit heißer Brühe übergießen.

Tipp

- Suppenkonzentrate werden von verschiedenen Herstellern angeboten. Das Mischverhältnis von Brühe zu Wasser variiert dabei. Achten Sie deshalb auf den Packungshinweis.

- Wenn Sie noch einen Rest Gemüse wie Lauch oder Möhren im Kühlschrank haben, schneiden Sie diese in kleine Streifen und kochen Sie sie 10 bis 15 Min. in der Suppe weich. Auch feine Streifen von gekochtem Rindfleisch oder Hähnchen passen gut in die Suppe.

Spargelcremesuppe mit Räucherlachs

Das ganze Jahr ein Hochgenuss.

▶ **Für 1 Person**
Gelingt leicht ⏱ **20 Min.**

1 kleines Glas Spargel (ca. 180 g) · **½** Becher Sahne (ca. 100 ml) · **100 ml** Wasser · **½** Tüte Spargelcremesuppen-Pulver · **1 EL** Zucker · **1** Spritzer Zitronensaft · Salz | Pfeffer · **1** Scheibe geräucherter Lachs · **1 TL** tiefgekühlter Schnittlauch

- Den Spargel abgießen und das Spargelwasser in einem Litermaß auffangen. Spargelwasser mit Sahne und Wasser bis auf 300 ml auffüllen und den Spargelwasser-Sahne-Wasser-Mix in einem Topf erhitzen. Das Pulver in die Flüssigkeit geben und unter stetigem Rühren aufkochen lassen.
- Die Hälfte des Spargels in die Suppe geben und alles mit dem Pürierstab mixen. Die Suppe wieder auf die Herdplatte stellen. Die andere Hälfte des Spargels in Stücke schneiden und in der Suppe erwärmen und mit Zucker, Zitronensaft, Salz und Pfeffer abschmecken.
- Den Lachs in feine Streifen schneiden und in eine Suppentasse geben. Suppe dazugeben und mit Schnittlauchröllchen garnieren.

Variante
- In der Saison von April bis Juni kann man frischen Spargel als Einlage verwenden.

Erbsensuppe aus Erbswurst

Eine fast vergessene Variante – in einer Viertelstunde fertig.

▶ **Für 1 Person**
Gelingt leicht ⏱ **15 Min.**

1 Scheibe Kasseler (von der Fleischtheke) · **¼** Stange Lauch · **2 EL** Rapsöl · **2** Portionen einer Stange Erbswurst (von Knorr) · **½ l** Wasser · **½ TL** Majoran, gerebelt · **½ TL** Senf · **1 TL** gekörnte Gemüsebrühe · Salz | Pfeffer

- Kasseler und Lauch in mundgerechte Stücke schneiden. In einem Topf das Öl bei mittlerer Temperatur erhitzen. Das Kassler und den Lauch darin anbraten, bis es eine leicht braune Farbe genommen hat. Mit drei Vierteln des Wassers auffüllen.
- Die ganze Erbswurst ist in 5–6 Portionsstücke aufgeteilt. Für den Eintopf 2 Portionen davon mit einer Gabel etwas zerdrücken und mit dem Rest Wasser verrühren. Die übrigen Portionen gut verpacken und für das nächste Mal aufbewahren.
- Die gelöste Erbswurst unter Rühren in den Topf mit dem Kasseler geben und aufkochen. 2 bis 3 Min. kochen lassen, dabei zwischendurch umrühren. Die Suppe mit Majoran und Senf, Gemüsebrühe, Salz und Pfeffer abschmecken und in einem tiefen Teller servieren.

Und das, was übrig bleibt?
- Der Rest Lauch für die Käse-Lauch-Cremesuppe (S. 35) verwenden.

Linseneintopf mit Speck

Da lohnt es sich, gleich mehr zu kochen.

▶ **Für 2–3 Personen**
Preisgünstig ⏲ **15 Min. + 50 Min. Garzeit**

¾ Tasse Tellerlinsen (ca. 150 g) · **1** mittelgroße Zwiebel ·
1 Streifen durchwachsener geräucherter Speck (von der Fleischtheke) · **3 EL** Rapsöl · **1 EL** gekörnte Fleischbrühe ·
½–¾ l Wasser · ½ Hand voll tiefgekühltes Suppengemüse ·
2 mittelgroße Kartoffeln · Salz | Pfeffer · **2 EL** Essig ·
1 EL Senf · **1 TL** tiefgekühlte Petersilie

- Die Linsen am Vorabend in 1 Liter Wasser einweichen. Die Zwiebel abziehen und in Würfel schneiden. Den Speck in Würfel schneiden. Linsen durch ein Sieb abgießen.

- Zwiebeln im Öl glasig dünsten. Speckwürfel, Linsen und die gekörnte Brühe dazugeben, mit ½ Liter Wasser auffüllen und bei mittlerer Hitze köcheln lassen.

- Die Kartoffeln waschen, putzen und in kleine Würfel schneiden. Nach 30 Min. Kochzeit die Kartoffeln zu den Linsen geben, 10 Min. später das Suppengemüse hinzugeben und alles noch 10 Min. weiter kochen lassen.

- Den Eintopf mit Salz und Pfeffer, Essig und Senf abschmecken und mit Petersilie garnieren.

Variante

- Man kann die Linsen durch getrocknete Erbsen oder Bohnen ersetzen. Diese müssen aber mindestens 12 Stunden lang einweichen. Die Kochzeit verlängert sich auf bis zu 2 Stunden.

Gulaschsuppe

Lässt sich auch leicht für eine größere Gästeschar herstellen.

▶ **Für 2 Personen**
Gut vorzubereiten ⏲ **20 Min.**

1 kleine Zwiebel · **1** kleine Paprika · **2** frische Champignons ·
1 TL Rapsöl · **1** Tasse Tomatensaft · **1 TL** Paprikamark ·
1 Prise Kümmelpulver · **1** Spritzer Zitronensaft ·
1 Dose Rindergulasch (400 g) · Salz | Pfeffer · **2** Scheiben Vollkorntoastbrot

- Die Zwiebel abziehen und in grobe Würfel schneiden. Die Paprika waschen, entkernen und in etwa 1 cm große Würfel schneiden.

- Die Champignons putzen und achteln. In einem weiten Topf das Öl bei mittlerer Temperatur erhitzen. Zwiebelwürfel, Paprika und Champignons darin etwa 4 Min. unter gelegentlichem Rühren dünsten.

- Rindergulasch und den Tomatensaft dazugeben, dann aufkochen. Paprikamark dazugeben und die Suppe mit Kümmel, Zitronensaft und Salz und Pfeffer abschmecken. Toastbrot dazu reichen.

Und das, was übrig bleibt?

- Die zweite Portion schmeckt am nächsten Tag besonders gut.

Tipp

- Wer mag, gibt noch einen Spritzer Tabasco dazu. So wird die Suppe besonders pikant.

Nürnberger Würstchen mit Sauerkraut und Kartoffelpüree

Zu diesem zünftigen Menü passt ein Glas Weißbier.

▶ **Für 1 Person**
Braucht etwas mehr Zeit ⏱ **20 Min. + 25. Min. Garzeit**
2–3 mittelgroße Kartoffeln · **150 g** Sauerkraut (aus der Dose oder frisch) · **1** Prise Zucker · **1** Lorbeerblatt · **1** Nelke · **1** Wacholderbeere · Salz | Pfeffer · **75 ml** Vollmilch · **1** Prise Muskatnusspulver · **½ TL** Butter · **1 TL** Rapsöl · **3–5** Nürnberger Rostbratwürstchen (aus dem Kühlregal)

- Die Kartoffeln waschen, schälen und achteln. In kaltem Salzwasser aufsetzen und etwa 25 Min. kochen lassen.

- Etwas Wasser in einen Topf geben. Darin Sauerkraut mit Zucker, Lorbeerblatt, Nelke und Wacholderbeeren bei mittlerer Hitze aufkochen und auf kleiner Flamme etwa 8 Min. köcheln lassen. Mit Salz und Pfeffer abschmecken.

- Das Wasser von den Kartoffeln abgießen. Die Kartoffeln mit einem Kartoffelstampfer stampfen. Milch, Butter und Muskatnusspulver dazugeben und verrühren. Warm halten.

- In einer Pfanne bei mittlerer Temperatur das Öl heiß werden lassen. Die Würstchen darin goldbraun braten, mit Sauerkraut und Püree auf einem Teller anrichten.

Variante
- Sie können auch Bratwurst anstelle der Nürnberger Würstchen verwenden.

Und das, was übrig bleibt?
- Der Rest Sauerkraut lässt sich gut einfrieren, ebenso die Würstchen.

Mittagessen

Grünkohl „bürgerlich" mit Kasselerbraten

Herzhaft und deftig.

▶ **Für 1–2 Personen**
Geht schnell ⏲ **20 Min.**

1–2 Scheiben Kasseler (von der Fleischtheke) · **½ EL** Mehl, Type 550 · **3 EL** Rapsöl · **1 EL** Butter oder Margarine · **1** Schlauch Grünkohl, tafelfertig (aus dem Kühlregal) · **1 TL** mittelscharfer Senf · Salz | Pfeffer

- Die Scheibe Kasseler in Mehl wenden. Öl in einer Pfanne erhitzen und das Kasseler von jeder Seite 3 Min. anbraten. Kasseler aus der Pfanne nehmen und auf einem Teller beiseite stellen.
- Butter in die Bratpfanne geben, in der zuvor das Kasseler gebraten wurde, und bei mittlerer Temperatur erhitzen. Vom Grünkohl so viel wie gewünscht direkt in die Pfanne geben und heiß werden lassen. Mit Senf, Salz und Pfeffer würzen.
- Die Kasselerscheibe wieder in die Pfanne auf den Grünkohl legen und heiß werden lassen.

Variante

- 1–2 Mettwürste 10 Min. in Salzwasser gar ziehen lassen und anstelle des gebratenen Kasselers dazugeben.

Und das, was übrig bleibt?

- Dieses Gericht lässt sich sehr gut einfrieren.

Frikadelle mit Erbsen-Möhren-Gemüse

Lecker – mit Kartoffelpüree.

▶ **Für 1 Person**
Gelingt leicht ⏲ **15 Min. + 25 Min. Garzeit**

2–3 mittelgroße Kartoffeln · **1** Frikadelle (von der Fleischtheke) · **150 g** Erbsen-Möhren-Gemüse aus der Dose · **1** Prise Zucker · Salz | Pfeffer · **5 EL** Vollmilch · **1** Prise Muskatnusspulver · **½ TL** tiefgekühlte Petersilie · Senf

- Den Ofen auf 175 Grad (Umluft 160 Grad) vorheizen. Die Kartoffeln waschen, schälen und achteln. In kaltem Salzwasser aufsetzen und etwa 25 Min. kochen lassen.
- Die Frikadelle auf ein Blech mit Backpapier legen und auf der mittleren Schiene etwa 20 Min. erhitzen. Das Erbsen-Möhren-Gemüse mit Sud in einem Topf bei mittlerer Temperatur erhitzen. Abschmecken mit Zucker, Salz und Pfeffer. Das Gemüse auf der abgeschalteten Platte warm halten.
- Die Kartoffeln abgießen und mit einem Kartoffelstampfer zerdrücken. Die Milch einrühren. Das Püree mit Muskatnuss abschmecken.
- Das Gemüse mit einer Schaumkelle aus dem Sud nehmen und mit Kartoffelpüree und Frikadelle auf einen Teller geben. Mit Petersilie bestreuen. Senf dazugeben.

Königsberger Klopse mit Butterreis und Roter Bete

Die Kapern geben dem Gericht die besondere Note.

▶ Für 1 Person
Preisgünstig ⊙ 15 Min. + 20 Min. Garzeit

50 g Parboiled-Langkornreis · **2–3** Königsberger Klopse aus der Dose · **1** Spritzer Zitronensaft · **1 EL** Crème fraîche · **1 TL** Butter · Salz | Pfeffer · **1** kleines Glas eingelegte Rote Bete

- Den Reis in einem kleinen Topf 18 bis 20 Min. lang in reichlich Salzwasser kochen. Die Dose öffnen, die Klopse aus der Sauce nehmen und auf einen Teller legen. Die Hälfte der Sauce in einem kleinen Topf bei mittlerer Temperatur erhitzen. Zitronensaft zugeben.
- Die Klopse halbieren und in der Sauce langsam erhitzen, dabei mehrmals umrühren, damit sie nicht anbrennt. Die Sauce mit den Klopsen einmal aufkochen lassen, dann Crème fraîche unterrühren.
- Den Reis durch ein Sieb abgießen und wieder in den Topf geben. Die Butter dazugeben und unter den Reis mischen. Die Rote Bete dazu separat in einer kleinen Schale anrichten.

Und das, was übrig bleibt?

- Die zweite Portion Klopse lässt sich gut einfrieren. Für die nächste Mahlzeit die Klopse über Nacht im Kühlschrank auftauen lassen. Mit etwas Wasser in einen Topf geben und mit geschlossenem Deckel auf kleiner Flamme erwärmen.

Reispfanne mit Cevapcici

Diese Fleischröllchen sind eine Spezialität vom Balkan.

▶ Für 2 Personen
Gelingt leicht ⊙ 20 Min.

1 kleine Zwiebel · **1** Paprika · **1** kleine Zucchini · **1 EL** Butter · **1** Packung Reispfanne Cevapcici (fertiges Reisgericht mit Fleischeinlage) · **½ TL** tiefgekühlte Petersilie · Salz | Pfeffer

- Die Zwiebel abziehen und in feine Würfel schneiden. Paprika und Zucchini waschen, putzen und würfeln.
- In einer beschichteten Pfanne die Butter bei mittlerer Temperatur erhitzen. Zwiebeln, Paprika und Zucchini in die Pfanne geben und leicht anbraten. Alles unter Rühren etwa 10 Min. dünsten.
- Die fertige Reispfanne hinzugeben und unter Rühren warm werden lassen. Mit Salz und Pfeffer abschmecken und auf einem Teller anrichten. Mit Petersilie dekorieren.

Variante

- Anstelle des frischen Gemüses können Sie auch tiefgekühltes Balkangemüse verwenden.

Und das, was übrig bleibt?

- Die zweite Portion am nächsten Tag einfach nochmals in der Pfanne anbraten oder in der Mikrowelle erhitzen.

Rinderroulade mit Bohnen und Kartoffelklößen

Lässt sich schneller zubereiten als man denkt.

▶ **Für 1–2 Personen**
Gelingt leicht
🕐 **30 Min.**

- 1–2 Klöße im Kochbeutel
- ½ kleine Zwiebel
- 1 Cornichon
- 1 Dose Rinderrouladen (mit 2 kleinen Rouladen)
- 1 TL Rapsöl
- 1 EL Schinkenwürfel (aus dem Kühlregal)
- 1 TL Senf
- 5 EL Rotwein
- 1 TL Crema di balsamico
- 1 kleine Dose Brechbohnen (150 g, z. B. von Bonduelle)
- Salz | Pfeffer

- Klöße in einer Schüssel mit kaltem Wasser einweichen und 15 Min. quellen lassen. Die Zwiebel abziehen und die Hälfte in feine Würfel schneiden. Den Rest der Zwiebel in einer kleinen, gut schließenden Frischhaltedose aufbewahren.

- Cornichon ebenfalls fein würfeln. Einen Teller im Backofen auf 50 Grad erwärmen. Für die Klöße einen Topf mit Salzwasser aufsetzen.

- Die Dose öffnen, Rouladen aus der Sauce nehmen und auf einen kleinen Teller legen. In einem kleinen Topf das Öl bei mittlerer Temperatur heiß werden lassen. Die Schinkenwürfel darin anbraten. Zwiebeln und Gurke dazugeben und im Fett glasig anschwitzen. Senf, Rotwein und Crema di balsamico dazugeben und alles auf die Hälfte einkochen lassen.

- Die Sauce der Rouladen zugeben und einmal aufkochen lassen. Die Rouladen in die Sauce legen und 15 Min. bei geringer Temperatur erwärmen. Gelegentlich umrühren.

- Die Klöße in das kochende Wasser geben und 8 bis 10 Min. vorsichtig köcheln lassen. Bohnen mit Bohnenwasser in einen kleinen Topf geben und erhitzen. Mit Salz und Pfeffer abschmecken.

- Wenn die Klöße oben schwimmen, die Platte ausstellen und noch 2 Min. ziehen lassen. Klöße aus dem Wasser nehmen, den Kochbeutel mit einer Schere aufschneiden und die Klöße auf den warmen Teller legen. Rouladen, Bohnen und Sauce dazu anrichten.

Variante

- Bereiten Sie Blattsalat mit Joghurtdressing (S. 121) anstelle der Bohnen zu den Rouladen zu.

- Anstelle von Kartoffelklößen passen auch gebratene Schupfnudeln, Spätzle oder auch Hefeklöße (gibt es fertig im Kühlregal) gut zu den Rouladen.

Pikante Kohlroulade mit Salzkartoffeln

Kraut und Hackfleisch passen einfach gut zusammen.

- Den Backofen auf 200 Grad (Umluft 180 Grad) vorheizen. Das Öl in einem weiten, für den Backofen geeigneten Topf erhitzen. Die gefrorene Kohlroulade vorsichtig in das heiße Öl legen und goldgelb anbraten.
- Die Schinkenwürfel zur Roulade geben und mit anbraten. Wasser angießen, den Topf schließen und in den vorgeheizten Backofen stellen und etwa 50 bis 60 Min. ziehen lassen. Nach 30 Min. einmal umdrehen.
- Die Kartoffeln waschen, schälen und achteln. In kaltem Salzwasser aufsetzen und etwa 25 Min. kochen lassen. Den Topf mit dem Fleisch aus dem Ofen nehmen und auf eine hitzebeständige Unterlage stellen. Den Ofen ausschalten. Einen Teller zum Anwärmen hineinstellen.
- Die Kohlroulade aus dem Kochwasser nehmen und auf einen Teller legen. In die verbleibende Brühe mit dem Schneebesen Senf und das Rahmsaucen-Pulver einrühren und aufkochen lassen. (ACHTUNG: Darauf achten, dass man das Pulver direkt in die heiße Sauce einrühren kann, ansonsten vorher mit etwas Wasser in einer Tasse anrühren.)
- Die Kohlroulade mit Sauce und Kartoffeln auf dem vorgewärmten Teller anrichten. Die Kartoffeln mit gehackter Petersilie garnieren.

Variante
- Umwickeln Sie die Roulade vor dem Braten mit einer Scheibe Speck.

Tipp
- Kohlrouladen gibt es auch in der Dose oder als Komplettgericht. Das ist schneller in der Zubereitung. Die gefrorene Variante ist jedoch die schmackhafteste.

▶ Für 1 Person
Braucht etwas mehr Zeit
⏱ 15 Min. + 60 Min. Garzeit

- 1 EL Rapsöl
- 1 tiefgekühlte Kohlroulade
- 2 EL Schinkenwürfel (aus dem Kühlregal)
- ¼ l Wasser
- 2–3 mittelgroße Kartoffeln
- Salz
- ½ TL Senf
- 2 EL Pulver für Rahmsauce („ohne Anrühren")
- 1 TL tiefgekühlte Petersilie

Bauernroulade mit Apfelrotkohl und Kartoffeln

Ein komplettes Gericht ohne großen Aufwand.

▶ **Für 1–2 Personen**
Gelingt leicht ⏱ 20 Min. + 30 Min. Garzeit

2–3 mittelgroße Kartoffeln · **1 TL** Salz · **150 g** tiefgekühlter Apfelrotkohl · **1 Dose** Bauernrouladen · **2 Scheiben** Speck (von der Fleischtheke) · **1 mittelgroße** Gewürzgurke · **1 EL** Butter · **3 EL** Sahne · **5 EL** Rotwein · **1 TL** mittelscharfer Senf

- Die Kartoffeln waschen und in der Schale etwa 30 Min. kochen lassen.
- Die gewünschte Rotkohlmenge mit 2 EL Wasser in einem Topf aufsetzen und unter gelegentlichem Rühren langsam erwärmen. Rotkohl köcheln lassen, bis er ganz aufgetaut ist, dann auf der abgeschalteten Platte warm halten.
- Die Dose mit dem Fleisch öffnen. Die Rouladen aus der Sauce nehmen und auf einen Teller legen. Speck und Gurke fein würfeln.
- In einem kleinen Topf Butter bei mittlerer Temperatur erhitzen. Speck und Gurke in der Butter anschwitzen. Die Sauce von den Rouladen, die Sahne, den Rotwein und den Senf dazugeben, umrühren und die noch kalten Rouladen langsam in der Sauce erhitzen.
- Die Kartoffeln abgießen, pellen und alle Zutaten auf einem Teller anrichten.

Szegediner Gulasch mit Kartoffeln

Dieses Krautgericht schmeckt auch im Sommer.

▶ **Für 1–2 Personen**
Preisgünstig ⏱ 20 Min. + 25 Min. Garzeit

2–3 mittelgroße Kartoffeln · **1 kleine** Zwiebel · **1 EL** Rapsöl · **½ kleine Dose** Sauerkraut (ca. 150 g) · **5 EL** Weißwein · Majoran, gerebelt · Kümmelpulver · **1 Dose** Ungarisches Gulasch (400 g) · Paprikapulver · **1 TL** Paprikamark

- Die Kartoffeln waschen, schälen und achteln. In kaltem Salzwasser aufsetzen und etwa 25 Min. kochen lassen. Die Zwiebel abziehen und in feine Streifen schneiden.
- Das Öl in einem mittleren Topf erhitzen. Sauerkraut, Weißwein, Majoran und Kümmelpulver dazugeben und alles 5 Min. kochen lassen.
- Gulasch, Paprikapulver und Paprikamark zum Sauerkraut geben und etwa 10 Min. bei mittlerer Temperatur erhitzen. Die Kartoffeln abgießen und mit dem Gulasch auf einem Teller anrichten.

Und das, was übrig bleibt?

- Der Rest vom Gulasch schmeckt auch am nächsten Tag sehr gut oder sogar noch besser. Bereiten Sie dafür aus den übrigen Kartoffeln knusprige Bratkartoffeln zu.
- Der Rest Sauerkraut aus der Dose lässt sich gut einfrieren.

Sauerbraten mit Apfelrotkohl und Spätzle

Hier die rheinische Variante von Sauerbraten.

▶ **Für 2 Portionen Sauerbraten**
Gelingt leicht ⏱ **30 Min.**

1 Dose Sauerbraten (ca. 400 g) · 2 TL Rosinen · 2 TL Apfelkraut · 2 TL Zucker · 2 EL Branntweinessig · 1 TL Sauerbratengewürz (gemahlen) · 150 g tiefgekühlter Apfelrotkohl · 1 EL Butter · 150 g frische Spätzle (aus dem Kühlregal) · 1 Prise Muskatnusspulver · Salz | Pfeffer

- Das Fleisch aus der Sauce nehmen, auf einen Teller geben und beiseite stellen. In einem Topf die Sauerbratensauce und die Rosinen erhitzen. Mit Apfelkraut, Zucker, Branntweinessig und Sauerbratengewürz abschmecken. Den Sauerbraten in die Sauce legen und auf kleiner Flamme erwärmen. Zwischendurch vorsichtig umrühren, dann beiseite stellen und warm halten.
- In einem Topf den Apfelrotkohl bei mittlerer Temperatur erhitzen, mit Salz und Pfeffer abschmecken.
- Butter in einem weiteren kleinen Topf erhitzen. Spätzle dazugeben, erwärmen und mit Salz und Muskatnuss abschmecken. Zum Servieren alles nebeneinander auf einem Teller anrichten.

Variante

- Wenn Sie die rheinische Variante des Sauerbratens nicht mögen, lassen Sie Apfelkraut und Rosinen weg.

Minischnitzel mit buntem Kartoffelsalat

Schnell gemacht und immer gern gegessen.

▶ **Für 1 Person**
Gut vorzubereiten ⏱ **20 Min.**

1 Tomate · 4 EL fertiger Kartoffelsalat (aus der Kühltheke) · 3 EL Mexiko-Mix (Mais-Erbsen-Paprikamischung, z. B. von Bonduelle) · Salz | Pfeffer · 1 EL Rapsöl · 1–2 gewürzte Minischnitzel (von der Fleischtheke) · 1 EL tiefgekühlte Petersilie · ⅛ Zitronenecke

- Tomate waschen, Strunk entfernen, entkernen und in kleine Würfel schneiden. In einer Schüssel den Kartoffelsalat mit dem Mais-Mix und den Tomatenwürfeln vorsichtig vermengen. Abschmecken mit Salz und Pfeffer.
- In einer beschichteten Pfanne das Öl bei mittlerer Temperatur erhitzen. Darin die Schnitzel von beiden Seiten goldbraun braten.
- Zum Anrichten den Kartoffelsalat auf eine Hälfte des Tellers geben und mit Petersilie bestreuen. Die Schnitzel daran legen und mit der Zitronenecke garnieren.

Variante

- Anstelle von Schnitzel passt eine Frikadelle oder ein Würstchen zum Kartoffelsalat.

Und das, was übrig bleibt?

- Aus dem Rest der Maismischung können Sie mit Blattsalat einen bunten Salat herstellen.

Gefüllte Paprikaschote mit Reis
Hier lohnt es sich, gleich mehr zu kochen.

- Das Brötchen in Stücke zerteilen und in einer Rührschüssel mit kaltem Wasser bedecken. Etwa 10 Min. einweichen lassen. Wasser abgießen und das Brötchen gut ausdrücken.
- In einer Schüssel Hackfleisch mit Brötchen, Ei und Paprikapulver verkneten, sodass ein geschmeidiger Teig entsteht. Mit Salz und Pfeffer abschmecken. Zugedeckt kalt stellen.
- Die Paprikaschoten waschen. Den „Deckel" abschneiden und die Kerne aus dem Inneren entfernen. Die Paprikaschoten mit der Hackmasse füllen und den „Deckel" oben auflegen.
- Die Zwiebel abziehen und in grobe Würfel schneiden. In einem weiten Topf das Öl bei mittlerer Temperatur erhitzen. Zwiebelwürfel, Tomatenmark und Paprikamark hinzugeben. Mit Wasser auffüllen. Paprikaschoten in die Sauce stellen und zugedeckt etwa 45 Min. köcheln lassen.
- Den Reis in einem kleinen Topf 18 bis 20 Min. lang in reichlich Salzwasser kochen. Reis durch ein Sieb abgießen und im Topf warm halten.
- Die Paprikaschoten aus der Sauce nehmen, diese mit Salz und Pfeffer abschmecken und bei Bedarf mit etwas Saucenbinder andicken.

Variante
- Lecker auch mit tiefgekühlten Kräutern – einfach unter das Hackfleisch mischen. Die Sauce können Sie mit Sahne und Basilikum verfeinern.

Und das, was übrig bleibt?
- Paprikaschoten einzeln in der Sauce einfrieren. Für die nächste Mahlzeit die Paprika über Nacht im Kühlschrank auftauen lassen. Mit etwas Wasser in einen Topf geben und mit geschlossenem Deckel auf kleiner Flamme aufwärmen. Zwischendurch wenden.

▶ **Für 3 Paprikaschoten**
Braucht etwas mehr Zeit
⏲ **25 Min. + 45 Min. Garzeit**

- 1 Brötchen
- 250 g frisches Hackfleisch
- 1 Ei
- 1 TL Paprikapulver
- 3 Paprikaschoten
- 1 kleine Zwiebel
- 1 EL Rapsöl
- 2 EL Tomatenmark
- 1 TL Paprikamark
- 300 ml Wasser
- 50 g Parboiled-Langkornreis (ca. ½ Tasse)
- Salz | Pfeffer

Schaschlik mit Paprika

Leckerer Grillspieß, der aus südöstlichen Ländern zu uns kam.

- Die Holzspieße ½ Stunde in Wasser legen, damit sie später nicht verbrennen. Das Gulasch in eine Schüssel geben und mit Salz und Pfeffer würzen.
- Paprikaschote waschen, entkernen und in etwa 3 × 3 cm große Stücke schneiden. Die Zwiebel abziehen und in Viertel schneiden. Die Gewürzgurke in 1 cm dicke Scheiben schneiden.
- Abwechselnd Fleisch, Paprika, Zwiebel und Gurke aufspießen, bis alle Zutaten auf den beiden Spießen verteilt sind.
- Das Öl in einer beschichteten Pfanne erhitzen und die Spieße darin scharf anbraten und bräunen. Spieße aus der Pfanne nehmen und auf einen Teller legen.
- Tomatenmark, Wasser und gekörnte Brühe in die Pfanne geben und aufkochen lassen. Die Spieße wieder in die Pfanne legen, mit einem Deckel (oder Alufolie) verschließen und auf kleiner Flamme etwa 30 bis 35 Min. langsam köcheln lassen. Bei Bedarf die Sauce mit Saucenbinder andicken.

Variante

- Anstelle von Putenfleisch kann man auch Schweinegulasch verwenden. Die Garzeit verlängert sich dann um etwa 10 bis 15 Min.

▶ **Für 1 Person**
Gut vorzubereiten
🕐 10 Min. + 35 Min. Garzeit

2	Holzspieße
100 g	Putengulasch (von der Fleischtheke)
	Salz | Pfeffer
1	kleine Paprikaschote
1	kleine Zwiebel
1	Gewürzgurke
2 EL	Rapsöl
2 EL	Tomatenmark
300 ml	Wasser
1 EL	gekörnte Fleischbrühe

MITTAGESSEN

Ob die Damen wohl auch Clemens Wilmenrods berühmte gefüllte Erdbeere servieren?

MITTAGESSEN

Hirschgulasch mit Rosenkohl und Klößen
Ein Menü für kalte Tage.

▶ **Für 1–2 Personen**
Gelingt leicht
🕒 **20 Min. + 15 Min. Garzeit**

1–2 Klöße im Kochbeutel
¼ Zwiebel
1 Hand voll tiefgekühlter Rosenkohl
1 EL Schinkenwürfel (aus dem Kühlregal)
1 EL Butter
1 Dose Hirschgulasch (Saisonartikel, sonst Rindergulasch, 300 g)
Salz
Muskatnusspulver

- Klöße in einer Schüssel mit kaltem Wasser einweichen und 15 Min. quellen lassen. Für die Klöße einen Topf mit Salzwasser aufsetzen. Die Zwiebel abziehen und ein Viertel davon in Würfel schneiden. Beiseite stellen. Den Rest der Zwiebel in einer kleinen, gut schließenden Frischhaltedose aufbewahren.

- Einen kleinen Topf etwa 2 Fingerhoch mit Wasser füllen, Salz hinzugeben und zum Kochen bringen. Rosenkohl ins kochende Wasser geben und zugedeckt etwa 10 bis 15 Min. garen.

- Die Klöße in das kochende Salzwasser geben und 8 bis 10 Min. vorsichtig köcheln lassen. Wenn die Klöße oben schwimmen, die Platte ausstellen und noch 2 Min. ziehen lassen.

- Schinken und Butter in einer beschichteten Pfanne bei mittlerer Temperatur erhitzen und die Zwiebel darin glasig dünsten, zwischendurch umrühren.

- Das Gulasch in einen kleinen Topf geben und bei mittlerer Temperatur langsam erhitzen, immer wieder umrühren, damit es nicht anbrennt. Den Rosenkohl durch ein Sieb abgießen, zur Schinken-Zwiebel-Mischung geben und mit anschwitzen. Mit Salz und Muskatnusspulver abschmecken.

- Klöße aus dem Wasser nehmen, den Kochbeutel mit einer Schere aufschneiden und die Klöße auf den Essteller geben. Rosenkohl und Gulasch dazu anrichten.

Variante

- Reichen Sie eine halbe Birne mit Preiselbeeren zum Gulasch. Anstelle von Hirschgulasch kann man auch Wild- oder Rindergulasch nehmen. Das Gulasch lässt sich mit Sahne, Rotwein, oder Preiselbeeren verfeinern.

Landhaustopf Hubertus mit Champignons, Spätzle und Bohnensalat

Ein Lieblingsessen im Herbst.

- Die Bohnen durch ein Sieb abgießen, das Wasser dabei auffangen. Die Zwiebel abziehen, ein Viertel in feine Würfel schneiden. Den Rest der Zwiebel in einer kleinen, gut schließenden Frischhaltedose aufbewahren.

- Die Bohnen zu den Zwiebelwürfeln geben und mit Essig, Bohnenwasser, 2 EL Sahne, 1 TL Öl, Salz und Pfeffer abschmecken. Beiseite stellen. Einen Teller im Backofen auf 50 Grad erwärmen.

- Die Champignons putzen und vierteln. In einem kleinen Topf 2 TL Öl bei mittlerer Temperatur erhitzen. Champignons darin anbraten. Gulasch, Rotwein und 2 EL Sahne dazugeben und unter Rühren erhitzen. Warm halten.

- Butter in einem weiteren kleinen Topf erhitzen. Spätzle dazugeben, erwärmen und mit Salz und Muskatnuss abschmecken.

- Spätzle in die Mitte des warmen Tellers anrichten. Gulasch darüber geben. Bohnensalat separat in einer kleinen Schale dazu reichen.

Und das, was übrig bleibt?

- Reste vom Gulasch mit etwas Brühe verdünnen, abschmecken und als Suppe servieren. Falls Sie eine größere Dose Bohnen haben, bereiten Sie 2 bis 3 Portionen Bohnensalat zu. Der Rest schmeckt am nächsten Tag – gut durchgezogen – besonders lecker. Aus den übrigen Spätzle Käsespätzle zubereiten (S. 68).

▶ Für 1 Person
Braucht etwas mehr Zeit
⏱ 30 Min.

- 1 kleine Dose Brechbohnen (150 g, z. B. von Bonduelle)
- ¼ Zwiebel
- 2 EL Branntweinessig
- 2 EL Bohnenwasser
- 4 EL Sahne
- 3 TL Rapsöl
- Salz | Pfeffer
- 2 frische Champignons
- ½ Dose Wildgulasch (alternativ Rindergulasch)
- 2 EL Rotwein
- 1 EL Butter
- 150 g frische Spätzle (aus dem Kühlregal)

Schweinegeschnetzeltes Zürcher Art mit Rösti

Angelehnt an das typische Schweizer Gericht.

▶ **Für 2 Portionen Geschnetzeltes**
Braucht etwas mehr Zeit

🕐 **25 Min.**

- ½ Zwiebel
- 1 Cornichon
- 4 Champignons
- 3 EL Rapsöl
- 2 EL Sahne
- 1 TL gekörnte Fleischbrühe
- 1 EL Apfelmus
- 1 TL Senf
- 1 Packung fertiges Schweinegeschnetzeltes (450 g)
- 2–3 mittelgroße Kartoffeln
- Salz | Pfeffer

- Die Zwiebel abziehen und die Hälfte in feine Streifen schneiden. Den Rest der Zwiebel in einer kleinen, gut schließenden Frischhaltedose aufbewahren.

- Cornichon in Scheiben schneiden. Die Champignons mit einem Küchenkrepp abreiben und auch in Scheiben schneiden. Die Kartoffeln waschen, schälen und grob raspeln. Beiseite stellen.

- 1 EL Öl in einem mittleren Topf erhitzen. Die Zwiebeln im Öl glasig anschwitzen, Gurke und Champignons hinzugeben und unter Rühren anschwitzen. Sahne, gekörnte Brühe, Apfelmus und Senf dazugeben. Das Schweinegeschnetzelte hinzufügen und unter Rühren langsam erhitzen.

- 2 EL Öl in einer beschichteten Pfanne bei mittlerer Temperatur erhitzen. Die Kartoffelraspeln in 2–3 Portionen als Röstitaler in die Pfanne geben, flach drücken. Die Rösti mit dem Pfannenwender umdrehen, sobald sie einen braunen Rand bekommen. Erst nach dem Braten mit Salz und Pfeffer würzen.

- Rösti auf den Teller legen und das Geschnetzelte so anrichten, dass die Röstitaler ein wenig bedeckt sind.

Und das, was übrig bleibt?

- Das Geschnetzelte am nächsten Tag mit Nudeln oder Reis und Salat essen.

Tipp

- Für Rösti müssen weder Mehl noch Ei zu den Kartoffelraspeln gegeben werden. Die Masse hält durch die Stärke in den Kartoffeln.

Kartoffel-Möhren-Gemüse mit Bockwurst

Einfach und lecker.

▶ Für 1 Person
Preisgünstig 15 Min. + 20 Min. Garzeit
½ kleine Zwiebel · 2–3 mittelgroße Kartoffeln · 2–3 mittelgroße Möhren · 1 Tasse Wasser · 1 TL gekörnte Gemüsebrühe · 1 Lorbeerblatt · 1 TL Senf · Salz | Pfeffer · 1 Bockwurst (von der Fleischtheke) · ½ TL tiefgekühlter Schnittlauch

- Die Zwiebel abziehen und die Hälfte in kleine Würfel schneiden. Die Kartoffeln und Möhren waschen, schälen und in Würfel schneiden. In einem mittleren Topf Wasser mit Gemüsebrühe, Zwiebelwürfeln und Lorbeerblatt bei mittlerer Temperatur erhitzen. Kartoffeln zur Gemüsebrühe geben und zugedeckt 5 Min. kochen lassen.
- Möhren hinzugeben und alles 15 bis 20 weitere Min. kochen lassen. Die Bockwurst in Salzwasser gar ziehen lassen, nicht kochen.
- Das Gemüse abschmecken mit etwas Senf, Salz und Pfeffer und in einem tiefen Teller anrichten. Mit Schnittlauch bestreuen und die Bockwurst obenauf geben. Senf dazu reichen.

Variante
- Anstelle der Möhren kann man Wirsing verwenden. Frikadelle passt auch sehr gut zum Gemüseeintopf.

Sauerkraut mit Schweinebauch

Wird mit Stampfkartoffeln serviert.

▶ Für 1 Person
Preisgünstig 20 Min + 25 Min. Garzeit
2–3 mittelgroße Kartoffeln · **150 g** Sauerkraut (aus der Dose oder frisch) · **1** Nelke · **1** Lorbeerblatt · **1** Scheibe frischer ungewürzter Schweinebauch (ca. 120 g) · Salz | Pfeffer · **2 EL** Semmelbrösel · **1 TL** Butter · **1** Prise Muskatnusspulver · Rapsöl zum Braten · Senf

- Die Kartoffeln waschen, schälen und achteln. In kaltem Salzwasser aufsetzen und etwa 25 Min. kochen lassen.
- Sauerkraut mit Nelke und Lorbeerblatt mit wenig Wasser auf kleiner Flamme etwa 15 Min. köcheln lassen. Mit Salz und Pfeffer abschmecken. Die Herdplatte ausschalten.
- Den Schweinebauch mit Salz und Pfeffer würzen. Semmelbrösel auf einen flachen Teller schütten. Den Schweinebauch von beiden Seiten in die Semmelbrösel drücken.
- Die Kartoffeln abgießen und mit einem Kartoffelstampfer stampfen. Butter und Muskatnuss dazugeben und verrühren. Warm halten.
- In einer Pfanne das Öl bei mittlerer Temperatur erhitzen. Den panierten Schweinebauch darin auf beiden Seiten jeweils 3 Min. goldbraun braten. Zum Anrichten das Sauerkraut, Stampfkartoffeln und Schweinebauch auf den Teller geben. Senf zum Fleisch reichen.

Pfannengyros mit Reis und Tomatensalat

Typischerweise wird Gyros am Spieß gebraten.

▶ **Für 1 Person**
Preisgünstig
🕒 **25 Min. + 20 Min. Garzeit**

- 2 Tomaten
- 1 EL Crema di balsamico
- 2 EL Rapsöl
- ¼ TL tiefgekühlter Schnittlauch
- 50 g Parboiled-Langkornreis (ca. ½ Tasse)
- 130 g Pfannengyros (von der Fleischtheke)
- ½ Zwiebel
- Salz | Pfeffer
- 3 EL Tsatsiki

- Die Tomaten waschen und den Strunk entfernen. In Achtel schneiden und in eine kleine Schale geben. Crema di balsamico und 1 EL Öl, Salz, Pfeffer und Schnittlauchröllchen über die Tomaten geben. Salat beiseite stellen.

- Den Reis in einem kleinen Topf 18 bis 20 Min. lang in reichlich Salzwasser kochen. Die Zwiebel abziehen und die Hälfte in Streifen schneiden. Den Rest der Zwiebel in einer kleinen, gut schließenden Frischhaltedose aufbewahren.

- Öl in einer beschichteten Pfanne erhitzen und das Gyros darin scharf anbraten. Die Zwiebelstreifen zum Gyros geben und alles 3 bis 4 Min. braten. Mit Salz und Pfeffer abschmecken.

- Den Reis durch ein Sieb abgießen und mit dem Gyros auf einem Teller anrichten. Tomatensalat dazugeben. Das Tsatsiki kann mit auf den Teller oder separat in einem kleinen Schälchen angerichtet werden.

Variante
- Wer kein Tsatsiki mag, isst Kräuterquark zum Fleisch.

Und das, was übrig bleibt?
- Tsatsiki mit Gurkenscheiben schmeckt sehr gut als Brotbelag. Verbrauchen Sie es in den nächsten 3 bis 4 Tagen.

Tipp
- Damit die Küche sauber bleibt, gibt es einen Spritzschutz, der aussieht wie ein großes flaches Sieb. Er wird einfach über die Pfanne gelegt. Im Gegensatz zu einem Deckel kann der Wasserdampf hier ungehindert entweichen, sodass das Fleisch brät und nicht kocht.

Altdeutsches Schnitzel

Leichter zuzubereiten, als es auf den ersten Blick scheint.

▶ **Für 1 Person**
Gut vorzubereiten
🕒 **15 Min. + 45 Min. Garzeit**

- ½ TL Butter
- ½ Zwiebel
- 1 kleine Dose Champignons (ca. 120 g Abtropfgewicht)
- 1 EL Rapsöl
- 1 dünnes Schnitzel (ca. 120 g, von der Fleischtheke)
- 1 EL Schinkenwürfel (aus dem Kühlregal)
- 50 ml Sahne
- 50 ml Wasser
- 2 EL Crème fraîche
- 2 EL Waldpilzsuppenpulver
- 1 Scheibe Käse

- Eine Auflaufform mit Butter ausstreichen. Den Backofen auf 200 Grad (Umluft 180 Grad) vorheizen. Die Zwiebel abziehen und die Hälfte in feine Streifen schneiden. Den Rest der Zwiebel in einer kleinen, gut schließenden Frischhaltedose aufbewahren.

- Champignons durch ein Sieb abgießen. Öl in einer Pfanne erhitzen und das Schnitzel von jeder Seite nur 30 Sekunden lang scharf anbraten. Es soll nur braun werden, nicht garen.

- Nun in die Auflaufform je die Hälfte von den Schinkenwürfeln, Zwiebeln und den Champignons geben. Das Schnitzel darauf legen und den Rest Schinkenwürfel, Zwiebel und Champignons auf dem Schnitzel verteilen.

- Die Sahne mit Wasser, Crème fraîche und Waldpilzsuppenpulver verrühren und in die Auflaufform geben. Zum Schluss die Scheibe Käse auf das Fleisch legen.

- Die Auflaufform mit Alufolie oder einem passenden Deckel abdecken und im Backofen für 45 bis 60 Min. backen. Kurz vor Ende die Folie bzw. den Deckel abnehmen, damit die Oberfläche noch etwas bräunt.

Das passt dazu

- ein grüner Salat mit Essig-Öl-Dressing (S. 122) und frisches Baguette.

Und das, was übrig bleibt?

- Bereiten Sie aus dem Rest des Suppenpulvers noch eine schnelle Suppe fürs Abendessen zu. Sollten Pilze übrig sein, können Sie diese auch noch in die Suppe geben.

- Sahne und Crème fraîche gut verschließen. So halten sie sich noch für 3 bis 4 Tage. Verwenden Sie sie zum Beispiel für eine Quarkspeise oder zu frischem Obstsalat oder Kompott.

Saure Nierchen mit Butterreis

Heute fast vom Speiseplan verschwunden.

- Die Nieren am Vortag in eine Schüssel legen, mit kaltem Wasser bedecken und die Schüssel abgedeckt in den Kühlschrank stellen. Das Wasser zwischendurch auswechseln.
- Die Nieren für die Zubereitung aus dem Wasser nehmen und der Länge nach halbieren. Alle weißen Gefäße mit einem kleinen Messer herausschneiden und entsorgen. Das Fleisch in 1 cm große Würfel schneiden, in ein Sieb legen, unter fließendem kalten Wasser abspülen, anschließend zum Trocknen auf Küchenkrepp legen.
- Die Zwiebel abziehen und die Hälfte davon in feine Würfel schneiden. Den Rest der Zwiebel in einer kleinen, gut schließenden Frischhaltedose aufbewahren.
- Den Reis in einem kleinen Topf 18 bis 20 Min. lang in reichlich Salzwasser kochen.
- In einem weiten Topf das Rapsöl erhitzen. Die Nierchen in das heiße Öl geben und scharf anbraten. Wenn das Fleisch braun ist, die Zwiebeln dazugeben und unter Rühren glasig dünsten.
- Wasser und Sahne zum Fleisch geben und für 10 bis 15 Min. ohne Deckel bei mittlerer Temperatur köcheln lassen. Mit Salz, Pfeffer und Essig abschmecken. Wer mag, gibt noch Senf dazu. Sauce bei Bedarf mit 1 EL Saucenbinder andicken.
- Reis durch ein Sieb abgießen und auf einen Teller anrichten. Die Sauren Nierchen dazugeben.

Das passt dazu

- ein grüner Salat mit Cocktaildressing (S. 121).

▶ **Für 1 Person**
Braucht etwas mehr Zeit
⏲ **20 Min. + 20 Min. Garzeit**

- 1–2 Schweinenieren (von der Fleischtheke)
- 50 g Parboiled-Langkornreis (ca. ½ Tasse)
- ½ Zwiebel
- 2 EL Rapsöl
- 5 EL Wasser
- ½ Becher Sahne (ca. 100 g)
- Salz | Pfeffer
- 1 EL Essig
- 1 EL brauner Saucenbinder

Leber mit Kartoffelpüree, Zwiebeln und Apfelmus
Ein Gericht für Liebhaber!

- Die Kartoffeln waschen, schälen und klein schneiden. In kaltem Salzwasser aufsetzen und etwa 30 Min. kochen lassen.

- Die Leber auf ein Brett legen. Die sichtbaren weißen Gefäße entfernen. Die Leber in Mehl wenden. Die Zwiebel abziehen und in feine Streifen schneiden. Beiseite stellen.

- Die Kartoffeln durch ein Sieb abgießen und wieder zurück in den Topf geben. 1 TL Butter, die Milch und etwas Muskatnuss zu den Kartoffeln geben und kurz aufkochen lassen. Die Herdplatte ausstellen und die Kartoffeln stampfen. Bei Bedarf noch etwas Milch dazugeben. Auf der ausgestellten Herdplatte warm halten.

- Den Backofen auf 80 Grad (Umluft 70 Grad) vorheizen. Das Öl in einer beschichteten Pfanne bei mittlerer Temperatur erhitzen. Die Leber hineingeben und von jeder Seite jeweils 2 Min. braten. Nach dem Braten mit Salz und Pfeffer würzen, auf einen Teller geben und im Backofen warm halten. 1 TL Butter in die Pfanne geben und darin die Zwiebelstreifen goldgelb braten.

- Den Teller mit Leber aus dem Ofen nehmen – Vorsicht: heiß! Die Zwiebelstreifen auf die Leber geben, das Kartoffelpüree daneben anrichten und das Fett aus der Pfanne über das Püree geben. Mit Petersilie dekorieren. Dazu ein Schälchen Apfelmus servieren.

Variante
- Bereiten Sie Kalbsleber für ein besonderes Menü zu. Sie ist teurer als Schweinleber, aber rosa gebraten ein Hochgenuss.

▶ Für 1 Person
Braucht etwas mehr Zeit
🕐 25 Min. + 30 Min. Garzeit

2–3	mittelgroße Kartoffeln, mehlig kochend
120 g	Schweineleber (von der Fleischtheke)
1 EL	Mehl
1	mittelgroße Zwiebel
2 TL	Butter
5 EL	Milch
1	Prise Muskatnusspulver
2 EL	Rapsöl
	Salz | Pfeffer
¼ TL	tiefgekühlte Petersilie
1	Portion Apfelmus

MITTAGESSEN

Brathähnchen mit Gurkensalat
Danach werden Sie sich die Finger lecken!

▶ Für 2–3 Personen
Gut vorzubereiten
🕑 20 Min. + 60 Min. Garzeit

- 1 tiefgekühltes Brathähnchen (am Vortag auftauen)
- 3 EL Zitronensaft
- 1 TL Muskatnusspulver
- 6 TL Salz
- ½ Becher tiefgekühlte Petersilie
- 1 TL tiefgekühlte Knoblauchwürfel
- ½ m Bratschlauch
- ½ Salatgurke
- 2 TL Zucker
- 1 EL Branntweinessig
- 1 EL Rapsöl

- Das Hähnchen am Abend vorher aus der Verpackung nehmen und abgedeckt im Kühlschrank auf einem Durchschlag in einer Schale oder einem tiefen Teller auftauen lassen. Den Backofen auf 220 Grad (Umluft 200 Grad) vorheizen.

- Das Hähnchen unter fließendem kaltem Wasser abspülen, falls enthalten, den Beutel mit Innereien entsorgen. Das Hähnchen mit Küchenkrepp trocken tupfen und das Papier sofort wegwerfen. Hähnchen von innen und außen mit Zitrone, Muskatnusspulver und 5 TL Salz einreiben. Den Bauch mit Petersilie und Knoblauch füllen.

- Einen halben Meter vom Bratschlauch abschneiden und eine Seite mit den beigelegten Klipsen verschließen. Das Hähnchen in den Schlauch legen und die andere Seite ebenfalls verschließen, auf ein Backblech geben und das Hähnchen auf der mittleren Schiene 50 bis 60 Min. backen.

- Die Gurke waschen, der Länge nach halbieren, in Scheiben schneiden und mit Zucker und 1 TL Salz würzen. 20 Min. stehen lassen. Essig und Öl dazugeben. Mit Pfeffer abschmecken.

- Nach der Garzeit das Backblech mit dem Hähnchen aus dem Ofen nehmen. Den Schlauch VORSICHTIG mit einer Schere aufschneiden. Dabei entweicht sehr heißer Dampf.

- Das Hähnchen aus dem Beutel nehmen und auf ein Brett legen. Mit einer sauberen Schere lässt sich das Hähnchen besonders leicht zerteilen.

Wichtig

- Achten Sie bei der Zubereitung von Geflügel auf die Hygiene! Reinigen Sie das verwendete Geschirr und Besteck direkt nach der Zubereitung und waschen Sie sich gründlich die Hände.

MITTAGESSEN

Hähnchen-Frikassee mit Erbsen und Champignons

Lecker mit Reis.

▶ **Für 1 Person**
Gelingt leicht ⏱ **15 Min. + 20 Min. Garzeit**

50 g Parboiled-Langkornreis (ca. ½ Tasse) · **1** Hähnchenbrustfilet (150 g) · **2** mittlere frische Champignons · **50 ml** Wasser · **1 TL** gekörnte Hühnerbrühe · **50 ml** Sahne · **½ Tasse** tiefgekühlte feine Erbsen · **1 EL** Maisstärke · **1 Prise** Zucker · **½ TL** Zitronensaft · Salz | Pfeffer · **½ TL** tiefgekühlter Schnittlauch

- Den Reis 18 bis 20 Min. lang in reichlich Salzwasser kochen. Das Hähnchenbrustfilet abspülen, trocken tupfen und in 2 cm große Stücke schneiden. Die Champignons putzen und vierteln.
- Wasser, gekörnte Hühnerbrühe und Sahne in einen Topf geben. Fleisch, Champignons und Erbsen dazugeben, aufkochen lassen. Alles bei mittlerer Temperatur etwa 6 Min. köcheln lassen, zwischendurch umrühren.
- Einen Teller im Backofen auf 50 Grad erwärmen. Maisstärke mit 2 EL Wasser in einer Tasse glatt rühren, zügig in das Frikassee einrühren, einmal aufkochen lassen. Das Frikassee vom Herd ziehen und mit Zucker, Zitronensaft, Salz und Pfeffer abschmecken.
- Reis abgießen und auf den vorgewärmten Teller geben. Frikassee dazu anrichten und mit Schnittlauchröllchen garnieren.

Käsespätzle mit Salat

Vegetarische Spezialität, dabei herzhaft und deftig.

▶ **Für 1 Person**
Gelingt leicht ⏱ **20 Min. + 25 Min. Backzeit**

¼ TL Butter zum Fetten einer Auflaufform · **½ Packung** Spätzle (ca. 150–200 g, aus dem Kühlregal) · **4 EL** geriebener Käse (z. B. Emmentaler) · **50 ml** Sahne · Salz | Pfeffer · **1 Prise** Muskatnusspulver · **2 EL** Röstzwiebeln · **1 TL** tiefgekühlte Petersilie

- Den Backofen auf 175 Grad (Umluft 160 Grad) vorheizen. Eine Auflaufform mit Butter ausstreichen. Spätzle und Käse schichtweise in die Form füllen. Als letzte Schicht Käse auf die Spätzle streuen.
- Die Sahne in einen Becher geben, mit Salz, Pfeffer und Muskatnuss würzen und über die Masse gießen. Auf einem Rost auf der mittleren Ebene etwa 25 Min. backen. Zum Servieren Röstzwiebeln und Petersilie über die Käsespätzle geben.

Das passt dazu

- Lecker zu Käsespätzle ist ein grüner Salat mit Essig-Öl-Dressing (S. 122).

Und das, was übrig bleibt?

- Die Reste der Spätzle zum Hirschgulasch (S. 54) essen. Frische Spätzle lassen sich auch gut einfrieren. Der Rest vom geriebenen Käse ist ebenfalls gut zum Einfrieren geeignet.

Nudelauflauf mit Tomatensauce

Lässt sich gut vorbereiten.

▶ Für 1 Person
Preisgünstig ⊙ 10 Min. + 30 Min. Garzeit

80 g Spiralnudeln · **½ TL** Butter · **150 g** fertige Tomatensauce (aus dem Kühlregal oder aus dem Glas) · **1 Scheibe** Kochschinken · **1 TL** tiefgekühlter Basilikum · Salz | Pfeffer · **1 Scheibe** Käse

- Einen mittleren Topf mit reichlich Salzwasser zum Kochen bringen. Die Nudeln darin für etwa 7 bis 10 Min. bissfest kochen. Nudeln durch ein Sieb abgießen.
- Den Backofen auf 200 Grad (Umluft 180 Grad) vorheizen. Eine Auflaufform mit Butter ausreiben. Die gekochten Nudeln in die Auflaufform geben. Die fertige Tomatensauce direkt über die Nudeln geben.
- Den Schinken in Würfel schneiden und über den Nudeln verteilen. Basilikum, Salz und Pfeffer darüber geben. Zum Schluss die Scheibe Käse obenauf legen. Den Auflauf für 20 bis 25 Min. im Ofen überbacken.

Und das, was übrig bleibt?

- Falls Tomatensauce übrig bleibt, lässt sich daraus eine schnelle Tomatensuppe zaubern. Pürieren Sie die Sauce mit etwas Wasser in einem hohen Messbecher und erwärmen Sie sie dann. Abschmecken mit Salz, Pfeffer und einer Prise Zucker.

Käse-Ravioli mit Tomatensauce und Salat

Ravioli wurden zur Resteverwertung erfunden – das merkt man ihnen nicht an!

▶ Für 1–2 Personen
Braucht etwas mehr Zeit ⊙ 30 Min.

1 Hand voll Raukesalat · **1 EL** Olivenöl · **1 EL** Crema di balsamico · Salz | Pfeffer · **½** Zwiebel · **1 EL** Rapsöl · **½ TL** tiefgekühlte Knoblauchwürfel · **150 g** fertige Tomatensauce (aus dem Kühlregal oder aus dem Glas) · **250 g** Käse-Ravioli (aus dem Kühlregal) · **1 EL** geriebener Käse (z. B. Parmesan) · **½ TL** tiefgekühlter Basilikum

- Salat waschen, putzen, grob schneiden und mit Küchenkrepp trocknen. Mit Öl, Crema di balsamico, Salz und Pfeffer vermischen und beiseite stellen.
- Die Zwiebel abziehen, die Hälfte in feine Würfel schneiden. In einem Topf das Öl bei mittlerer Temperatur erhitzen und die Zwiebeln darin glasig dünsten. Knoblauch und Tomatensauce dazugeben. Unter Rühren einmal aufkochen lassen, dann den Herd ausstellen und die Sauce auf der Platte warm halten.
- Salzwasser in einem Topf zum Kochen bringen. Die Ravioli in das Wasser geben, aufkochen lassen und weitere 2 bis 3 Min. langsam köcheln lassen, bis sie oben schwimmen. Ravioli durch ein Sieb abgießen und auf einen tiefen Teller geben. Die Sauce darüber verteilen. Käse und Basilikum darüber streuen. Raukesalat dazu servieren.

Spaghetti Bolognese mit geriebenem Käse

Traditionelles Hackfleischragout aus Bologna.

- Einen mittleren Topf mit Salzwasser für die Nudeln aufsetzen und zum Kochen bringen. Die Zwiebel abziehen und in feine Würfel schneiden. Nudeln in das kochende Salzwasser geben und ohne Deckel bei mittlerer Temperatur 8 bis 10 Min. köcheln lassen.

- In einem weiteren Topf bei mittlerer Temperatur das Öl erhitzen. Hackfleisch in das Öl geben und unter Rühren gleichmäßig anbraten. Zwiebelwürfel und tiefgefrorenes Gemüse dazugeben und mitbraten.

- Tomatenmark, Knoblauch, Zucker, Salz und Pfeffer zum Hackfleisch geben und mit der fertigen Tomatensauce auffüllen. Die Sauce unter Rühren einmal aufkochen lassen.

- Nudeln durch ein Sieb abgießen und auf einen tiefen Teller geben. Bolognesesauce über die Nudeln geben und mit geriebenem Käse bestreuen.

Und das, was übrig bleibt?

- Wenn Hackfleischsauce übrig bleibt, können Sie daraus am nächsten Tag Chili con Carne zubereiten. Mischen Sie eine kleine Dose Kidneybohnen oder Kidneybohnen-Mais-Mix (gibt es von Bonduelle) unter die Sauce. Fertig!

▶ **Für 1 Person**
Gelingt leicht
⏱ **30 Min.**

- 1 kleine Zwiebel
- 70 g Spaghetti (oder Gabelspaghetti)
- 1 EL Rapsöl
- 80 g Rinderhackfleisch
- 2 EL tiefgekühltes Suppengemüse
- 2 TL Tomatenmark
- ½ TL tiefgekühlte Knoblauchwürfel (nach Geschmack)
- 1 TL Zucker
- Salz | Pfeffer
- 1 Packung Tomato al Gusto Bolognese (von Knorr)
- 1 EL geriebener Käse (z. B. Parmesan)

MITTAGESSEN

Die ersten Spaghetti waren noch eine Herausforderung.

Schupfnudeln mit Sauerkraut

Auch als Bubespitzle, Krautnudeln oder Bauchstecherla bekannt.

▶ Für 1 Person
Preisgünstig ⏱ 10 Min. + 15 Min. Garzeit

150 g Sauerkraut (aus der Dose oder frisch) · **1** Lorbeerblatt · **1** Nelke · **2** Wacholderbeeren · **1 TL** Zucker · **1 TL** Butter · **150 g** Schupfnudeln (aus dem Kühlregal, z. B. von Henglein) · **1** Prise Muskatnusspulver · Salz | Pfeffer · **2 EL** Schmand · **½ TL** tiefgekühlter Schnittlauch

- Das Sauerkraut in einem Topf mit etwas Wasser aufsetzen und mit Lorbeerblatt, Nelke, Wacholderbeeren und Zucker bei mittlerer Temperatur aufkochen. Etwa 15 Min. garen. Abschmecken mit Salz und Pfeffer.
- Kurz vor Ende der Garzeit des Sauerkrauts die Butter in einer beschichteten Pfanne bei mittlerer Temperatur erhitzen. Die Schupfnudeln darin unter Wenden goldbraun braten. Mit Muskatnuss abschmecken.
- Das Sauerkraut in einem tiefen Teller mittig anrichten und die Schupfnudeln ringsherum legen. Schmand auf das Sauerkraut geben und mit Schnittlauch garnieren.

Und das, was übrig bleibt?

- Den Rest Sauerkraut am nächsten Tag mit Würstchen und Salzkartoffeln zubereiten. Schupfnudeln portionsweise einfrieren. So haben Sie eine schnelle Beilage, die zu vielen verschiedenen Gerichten passt.

Paniertes Schollenfilet mit Remoulade und Kartoffelsalat

Ein klassisches Fischgericht.

▶ Für 1 Person
Geht schnell ⏱ 20 Min.

¼ Stück Zitrone · **4 EL** Rapsöl zum Braten · **1** tiefgekühltes paniertes Schollenfilet · Remouladensauce (Tube) · **150 g** fertiger Kartoffelsalat (aus dem Kühlregal) · **½ TL** tiefgekühlte Petersilie

- Die Zitrone waschen und vierteln. In einer Pfanne Öl bei mittlerer Temperatur erhitzen. Das tiefgefrorene Schollenfilet darin etwa 4 Min. von jeder Seite goldbraun braten.
- Kartoffelsalat auf einen Teller geben. Das Schollenfilet daran legen. Die Remouladensauce dazugeben und mit einer Zitronenecke und der Petersilie garnieren.

Variante

- Anstelle des Schollenfilets können auch andere Fischsorten, beispielsweise panierter Seelachs oder Lachsfilet, verwendet werden.

Und das, was übrig bleibt?

- Zitrone auspressen und für Salatdressing verwenden.

Überbackenes Rotbarschfilet mit Sauce Hollandaise und Kartoffeln

Nicht nur freitags ein Hochgenuss.

- Die Kartoffeln waschen, mit Schale in kaltem Salzwasser aufsetzen und 25 bis 30 Min. kochen lassen. Den Backofen auf 190 Grad (Umluft 170 Grad) vorheizen.

- Den Rotbarsch auf ein Brett legen, mit den Fingern nach Gräten abtasten und mögliche Gräten entfernen. Fischfilet mit Salz und Pfeffer würzen.

- Die Zucchini der Länge nach halbieren, die Kerne mit einem Esslöffel herauskratzen und die Zucchini in ½ cm dicke Streifen schneiden.

- Öl in einer Pfanne erhitzen. Das Fischfilet von jeder Seite ½ Minute anbraten und in eine mittlere Auflaufform legen.

- Die Zucchini in der Pfanne, in der auch der Fisch gebraten wurde, für 2 bis 3 Min. anbraten. Thymian und Knoblauch dazugeben. Das Gemüse mit Salz und Pfeffer abschmecken und auf den Fisch in die Auflaufform geben.

- Die Sauce Hollandaise mit einem Esslöffel über Gemüse und Fisch verteilen. Die Auflaufform für 10 Min. in den vorgeheizten Backofen stellen. Die Kartoffeln abgießen und pellen. Das fertige Menü auf einen Teller geben und mit der Zitronenecke garnieren.

Variante

- Anstelle des Rotbarschs kann man auch Seelachs oder Seehecht verwenden. Die Zucchini können Sie durch einen kleinen Gurkensalat oder Salat in Essig-Öl-Dressing oder Sahne-Dressing mit Mandarinenfilets ersetzen.

Und das, was übrig bleibt?

- Restliche Sauce Hollandaise hält sich in einem gut schließenden Gefäß noch für 2 bis 3 Tage. Verwenden Sie sie für Spargel (aus dem Glas) mit gekochtem Schinken oder als Sauce zu kurzgebratenem Fleisch.

▶ Für 1 Person
Gut vorzubereiten
🕒 15 Min. + 30 Min. Garzeit

3	kleine Kartoffeln
150 g	Rotbarschfilet (von der Fischtheke)
1	kleine Zucchini
1 EL	Rapsöl
½ TL	Thymian, gerebelt
½ TL	tiefgekühlte Knoblauchwürfel
1/3	Tetrapack Sauce Hollandaise (ca. 80 ml)
¼	Stück Zitrone
	Salz	Pfeffer

Lachsfilet mit Blattspinat und Salzkartoffeln

Lecker und leicht an einem Sommertag.

▶ **Für 1 Person**
Braucht etwas mehr Zeit
⏲ **25 Min. + 30 Min. Garzeit**

- 150 g tiefgekühlter Blattspinat (am Vortag auftauen)
- 2–3 mittelgroße Kartoffeln
- ½ kleine Zwiebel
- 2 TL Butter
- 1 Stück Lachsfilet (von der Fischtheke, 125 g)
- ½ Glas Weißwein
- ¼ TL tiefgekühlte Knoblauchwürfel (nach Geschmack)
- 3 EL Sahne
- Salz | Pfeffer
- 1 Prise Muskatnusspulver

- Blattspinat am Vortag in eine Schüssel geben, abdecken und zum Auftauen in den Kühlschrank stellen. Die Kartoffeln waschen, schälen und würfeln. In kaltem Salzwasser aufsetzen und etwa 25 Min. kochen lassen. Einen Teller im Backofen auf 50 Grad erwärmen.

- Die Zwiebel abziehen, eine Hälfte in kleine Würfel schneiden. 1 TL Butter in einer Pfanne bei mittlerer Temperatur schmelzen, Zwiebelwürfel dazugeben und unter Rühren leicht anschwitzen. Das Lachsfilet dazulegen, 2 Min. anbraten und dann wenden. Weißwein, Salz und Pfeffer zum Fisch geben. Die Pfanne mit einem Deckel verschließen und den Fisch auf kleiner Flamme für 6 bis 8 Min. gar ziehen lassen.

- Den aufgetauten Spinat ausdrücken. 1 TL Butter in einem kleinen Topf erhitzen und aufschäumen lassen. Knoblauch und Spinat hineingeben und einige Min. unter Rühren anschwitzen. Deckel daraufgeben und einige Min. köcheln lassen.

- Den Fisch aus der Pfanne nehmen und auf einen Teller legen. Die Sahne in die Pfanne geben, etwas einkochen lassen. Dann den Lachs wieder in den Sud geben und warm halten.

- Den Spinat mit Salz, Pfeffer und Muskatnuss abschmecken. Spinat mittig auf dem angewärmten Teller anrichten. Lachs auf den Spinat legen und die Weißweinsauce über den Fisch geben. Die Kartoffeln rechts und links neben dem Spinat anrichten.

Rollmöpse und Heringssalat durften auf keiner Party fehlen – am liebsten vom Fischhändler um die Ecke.

Seelachs mit Bratkartoffeln und Gurkensalat

Dieser Fisch ist ein guter Jodlieferant.

- Kartoffeln vom Vortag in Würfel schneiden. (Falls Sie keine gekochten Kartoffeln haben: erst Kartoffeln kochen und abkühlen lassen.) Die Zwiebel abziehen und die Hälfte in feine Würfel schneiden.
- Das Fischfilet mit Zitronensaft beträufeln und salzen. Den Fisch mit den Fingern nach Gräten abtasten und mögliche Gräten entfernen. Mehl auf einem flachen Teller verteilen. Den Fisch von beiden Seiten in Mehl wenden, sodass er sich trocken anfühlt.
- In einer beschichteten Pfanne 1 EL Öl bei mittlerer Temperatur erhitzen und die Kartoffelwürfel darin anbraten. Zwischendurch wenden.
- In einer weiteren kleinen Pfanne 2 EL Öl erhitzen. Den Fisch darin von jeder Seite für 3 Min. knusprig braten.
- Wenn die Kartoffeln goldgelb sind, die Zwiebeln dazugeben und mitbraten. Abschmecken mit Salz, Pfeffer und Majoran. Bratkartoffeln und Fisch auf einem flachen Teller anrichten. Gurkensalat separat dazu in einer kleinen Schüssel reichen.

▶ **Für 1 Person**
Geht schnell
⏱ **15 Min. + 15 Min. Bratzeit**

- 2–3 gekochte Kartoffeln (vom Vortag)
- ½ kleine Zwiebel
- 150 g Seelachsfilet (von der Fischtheke)
- 2 Spritzer Zitronensaft
- 1 EL Mehl
- 3 EL Rapsöl
- Salz | Pfeffer
- 1 Msp. Majoran, gerebelt
- 1 Portion Gurkensalat (fertig, aus dem Kühlregal)

Variante
- Hat man keine Kartoffeln vom Vortag, schmecken Salzkartoffeln auch vorzüglich zum Fisch. Dann noch 1 EL Butter in der Fischpfanne schmelzen und über die Kartoffeln geben.

Tipp
- Sie können die Bratkartoffeln und das Fischfilet auch nacheinander in der gleichen Pfanne braten. Die Kartoffeln dann zwischendurch herausnehmen und im Ofen auf einem Teller bei etwa 70 Grad warm halten.

KLEINE GERICHTE

Grüne Sauce mit gekochten Eiern und Kartoffeln

Die sogenannte Grüne Sauce ist eine regionale Spezialität in Hessen.

▶ **Für 1 Person**
Gelingt leicht ⏱ **15 Min. + 25 Min. Garzeit**
2 Eier · 2–3 mittelgroße Kartoffeln · ¼ Bund Kräuter für Grüne Sauce · **1 EL** Mayonnaise (Tube) · **1 EL** Schmand · **1 EL** Naturjoghurt · ½ **TL** Zitronensaft · Salz | Pfeffer · 1 Prise Zucker

- Einen kleinen Topf 3 cm hoch mit Wasser füllen. Eier in den Topf geben, den Deckel schließen und die Eier 10 bis 12 Min. kochen lassen, anschließend mit kaltem Wasser abschrecken, schälen und beiseite stellen.

- Die Kartoffeln waschen, schälen und achteln. In kaltem Salzwasser aufsetzen und etwa 25 Min. kochen lassen.

- Die Kräutermischung mit einem Messer grob hacken. Kräuter mit Mayonnaise, Schmand, Naturjoghurt, Zitronensaft, Salz, Pfeffer und Zucker in eine hohe Schüssel oder einen Messbecher geben. Mit dem Stabmixer alles so lange mixen, bis eine cremige Konsistenz entsteht.

- Die kalten Eier vierteln und auf einen Teller geben. Die Eier mit Sauce überziehen und Kartoffeln dazugeben.

Das passt dazu
- Salat mit Essig-Öl-Dressing (S. 122).

Und das, was übrig bleibt?
- Den Rest der Kräuter für Salatdressing verwenden.

Kleine Gerichte

Senfeier mit Kartoffeln und Roter Bete

Bekannt aus Kindertagen.

▶ **Für 1 Person**
Preisgünstig ⏲ **15 Min. + 25 Min. Garzeit**

2–3 mittelgroße Kartoffeln · **2** Eier · ¾ Becher Sahne (ca. 150 ml) · **2 EL** Senf · Salz | Pfeffer · **1** kleines Glas eingelegte Rote Bete

- Die Kartoffeln waschen, schälen und achteln. In Salzwasser aufsetzen und etwa 25 Min. kochen lassen.
- Einen kleinen Topf 3 cm hoch mit Wasser füllen. Eier in den Topf geben, den Deckel schließen und die Eier 10 bis 12 Min. kochen lassen, anschließend mit kaltem Wasser abschrecken, schälen und beiseite stellen.
- Einen Teller im Backofen auf 50 Grad erwärmen. In einem weiteren Topf die Sahne zum Kochen bringen und bis zur Hälfte einkochen lassen, bis die Sauce dicklich wird. Zwischendurch umrühren. Den Senf einrühren und die Sauce mit Salz und Pfeffer abschmecken.
- Die Eier in die Sauce geben. Kartoffeln, Eier und Senfsauce auf dem vorgewärmten Teller anrichten. Dazu ein Schälchen Rote Bete reichen.

Und das, was übrig bleibt?

- Rote Bete lässt sich – abgedeckt mit Flüssigkeit – im angebrochenen Glas im Kühlschrank aufbewahren.

Pellkartoffeln mit Kräuterquark

Schnell gemacht und doch so gut.

▶ **Für 1 Person**
Geht schnell ⏲ **10 Min. + 30 Min. Garzeit**

2–3 große Kartoffeln · ½ Päckchen Quark mit 20 % F.i.Tr. (ca. 125 g) · **1 EL** gemischte tiefgekühlte Kräuter · ½ **TL** tiefgekühlte Knoblauchwürfel (nach Geschmack) · **1** Spritzer Zitronensaft · **1 EL** Rapsöl · Salz | Pfeffer

- Die Kartoffeln waschen, mit Schale in Salzwasser aufsetzen und 25 bis 30 Min. kochen lassen. Quark, Kräuter, Knoblauch und Zitronensaft mit Öl verrühren und mit Salz und Pfeffer abschmecken. Wer keinen Knoblauch mag, lässt ihn weg.
- Die Kartoffeln auf einen Teller legen und die Schale in der Mitte der Länge nach einschneiden. Die Kartoffel mit einem Handtuch (VORSICHT: HEISS) leicht zusammenpressen, damit die Kartoffel aufbricht. Den Kräuterquark in die entstandene Öffnung füllen. Gegessen wird nun mit einem kleinen Löffel.

Das passt dazu

- Ein grüner Salat mit Essig-Öl-Dressing (S. 122).

Variante

- Geben Sie Streifen von gebratenem Hähnchen, Lachs oder Matjes oder einen Löffel Nordseekrabben auf den Quark. So wird aus einem einfachen Gericht schnell etwas Besonderes für Gäste.

Bratkartoffeln mit Speck und Spiegelei

Herren-Abend-tauglich.

▶ **Für 1 Person**
Gelingt leicht ⊙ **15 Min. + 25 Min. Garzeit**

2–3 mittelgroße gekochte Kartoffeln (vom Vortag) · **1 EL** Rapsöl · Salz | Pfeffer · **2 Scheiben Speck,** dünn geschnitten · **1** Ei · **½ TL** tiefgekühlte Petersilie

- Die Kartoffeln pellen. (Falls Sie keine gekochten Kartoffeln haben: erst Kartoffeln kochen und abkühlen lassen.) Kartoffeln in Scheiben schneiden.

- In einer großen Pfanne das Öl mit mittlerer Temperatur erhitzen. Die Kartoffeln hineingeben und unter gelegentlichem Wenden hellbraun braten. Mit Salz und Pfeffer würzen.

- Die Bratkartoffeln auf eine Hälfte der Pfanne schieben und auf der freien Hälfte den Speck beidseitig knusprig goldbraun anbraten. Den fertigen Speck auf die Kartoffeln legen. Dann das Spiegelei in der gleichen Pfanne braten, leicht salzen.

- Zum Servieren die Bratkartoffeln mittig auf den Teller geben, darauf den Speck legen und zum Schluss oben auf das Spiegelei geben. Mit der Petersilie garnieren.

Tipp

- Wenn Sie keine große Pfanne haben, nehmen Sie zwei kleine und braten das Spiegelei in etwas Butter oder Margarine separat in der zweiten Pfanne.

Béchamelkartoffeln mit Essiggemüse

Einfache Resteküche.

▶ **Für 1 Person**
Gelingt leicht ⊙ **20 Min.**

3–4 mittelgroße gekochte Kartoffeln (vom Vortag) · **½** kleine Zwiebel · **1 Stück Fleischwurst** mit oder ohne Knoblauch (daumenlang) · **1 EL** Butter · **1 EL** Mehl · **1 Tasse Milch** (ca. 125 ml) · **1 Tasse Wasser** (ca. 125 ml) · **½ TL** gekörnte Gemüsebrühe · Salz · Muskatnusspulver · **1 EL** tiefgekühlte Petersilie · **1** Portion süß-sauer eingelegter Kürbis oder Rote Bete

- Die gekochten Kartoffeln in 2 bis 3 cm große Würfel schneiden. Die Zwiebel abziehen und die Hälfte in kleine Würfel schneiden.

- Fleischwurst in Streifen schneiden. In einem mittleren Topf die Butter leicht erhitzen. Die Zwiebeln in der Butter glasig dünsten. Fleischwurst dazugeben und kurz mitbraten. Mehl in den Topf streuen und unterrühren. Den Topf von der Platte ziehen. Milch, Wasser und gekörnte Brühe hineingeben. Alles glatt rühren.

- Den Topf wieder auf die Platte ziehen und die Flüssigkeit unter ständigem Rühren langsam aufkochen lassen. 3 bis 4 Min. köcheln lassen. Die Kartoffeln in die Sauce geben und warm werden lassen. Abschmecken mit Salz und Muskat. Zum Schluss die gehackte Petersilie dazugeben. Dazu passt Kürbis oder Rote Bete aus dem Glas.

Tipp

- Hat man keine Lust, die Béchamelsauce selbst zu machen, kauft man sie fertig. Dann nur Kartoffeln und Wurst in der Sauce erhitzen.

KLEINE GERICHTE

Bauernfrühstück

Praktisch, man braucht nur eine Pfanne.

- Die gekochten Kartoffeln vom Vortag in Scheiben schneiden. (Falls Sie keine gekochten Kartoffeln haben: erst Kartoffeln kochen und abkühlen lassen.) Die Zwiebel abziehen und in feine Würfel schneiden. Die Hälfte der Gurke ebenfalls fein würfeln.

- Die Eier in einer Tasse aufschlagen und mit einer Gabel verquirlen.

- In einer großen beschichteten Pfanne das Öl erhitzen. Die Kartoffelscheiben im heißen Öl goldgelb braten. Kurz bevor die Kartoffeln fertig sind, Zwiebeln, Gurke und Schinkenwürfel dazugeben und mitbraten. Alles mit Salz, Pfeffer und Majoran abschmecken.

- Die Eier über die Kartoffeln in die Pfanne geben. Die Eiermasse etwas stocken lassen. Dann erst mit einem Holzlöffel oder Pfannenwender alles vermengen.

- Die Kartoffel-Ei-Masse auf kleiner Flamme fest werden lassen, bis die Eier leicht gebräunt sind.

- Einen großen flachen Teller kopfüber in die Pfanne legen, mit der Hand festhalten und Pfanne und Teller umdrehen. Dann liegt das Gericht auf dem Teller. Falls das nicht gelingt, lässt es sich auch mit dem Pfannenwender auf den Teller schieben.

- Die andere Gurkenhälfte in Scheiben schneiden und mit Schnittlauch über dem Omelett anrichten. Eine Portion Mixed Pickles zum Bauernfrühstück servieren.

Variante

- Anstelle von Schinkenwürfeln können auch Bratenreste verwendet werden. Auch Tomaten passen gut hinein.

▶ **Für 1 Person**
Preisgünstig
⏲ **10 Min. + 15 Garzeit**

2–3	mittelgroße gekochte Kartoffeln (vom Vortag)
1	kleine Zwiebel
1	Gewürzgurke
2	Eier
2 EL	Rapsöl
1 EL	Schinkenwürfel (aus dem Kühlregal)
	Salz | Pfeffer
	Majoran, gerebelt
1 TL	tiefgekühlter Schnittlauch
1	Portion Mixed Pickles

KLEINE GERICHTE

Spanisches Omelett mit Oliven und Paprika

Eine pikante Omelett-Variante.

▶ **Für 1 Person**
Preisgünstig ⊙ **20 Min.**

2 Lauchzwiebeln · 5 Oliven · 1 kleine Paprikaschote ·
2 Eier · 4 EL Vollmilch · 1 Prise Muskatnusspulver · 1 Prise
Majoran, gerebelt · ½ TL tiefgekühlte Petersilie · 1 TL Rapsöl ·
1 TL Paprikamark (Tube) · Salz | Pfeffer

- Die Lauchzwiebeln waschen, putzen und in feine Ringe schneiden. Oliven in Scheiben schneiden. Paprikaschote waschen, entkernen und in Würfel schneiden.
- In einer Schüssel die Eier mit Milch, Muskatnuss, Majoran und Petersilie mit einem Schneebesen verrühren. Mit Salz und Pfeffer abschmecken.
- In einer Pfanne das Öl bei mittlerer Temperatur erhitzen. Oliven und Paprika darin etwa 2 Min. anschwitzen. Paprikamark und geschnittene Lauchzwiebeln hinzugeben und mit einem Kochlöffel umrühren.
- Die Eier zum Gemüse gießen, einmal verrühren, dann stocken lassen. Wenn der Rand leicht braun wird, einen großen flachen Teller kopfüber in die Pfanne legen, mit der Hand festhalten und Pfanne und Teller umdrehen. Dann ist das Gericht auf dem Teller. Das Omelett von dort wieder in die Pfanne geben und von der anderen Seite braten. Wenn beide Seiten gebräunt sind, das Omelett auf einem Teller anrichten.

Tortilla-Auflauf mit Schinken

Olé! So schmeckt es in Spanien.

▶ **Für 1 Person**
Geht schnell ⊙ **10 Min. + 25 Min. Backzeit**

Öl zum Einfetten der Auflaufform · 1 Lauchzwiebel · 1 Ei ·
2 EL Schinkenwürfel (aus dem Kühlregal) · ½ Packung Kartoffelgratin (aus dem Kühlregal, z. B. von Pfanni) · 2 Prisen
Muskatnusspulver · Salz | Pfeffer

- Den Backofen auf 190 Grad (Umluft 175 Grad) vorheizen. Eine Auflaufform einfetten. Lauchzwiebel waschen und in feine Ringe schneiden. In einer Schüssel das Ei verquirlen. Lauchzwiebeln, Schinkenwürfel und Kartoffelgratin hinzugeben und alles mischen. Mit Muskatnuss, Salz und Pfeffer abschmecken.
- Die Masse in die gefettete Auflaufform füllen. Den Auflauf auf der mittleren Schiene des Ofens etwa 20 bis 25 Min. goldbraun backen.

Das passt dazu

- Lecker mit grünem Salat in Essig-Öl-Dressing (S. 122).

Wissen

Tortilla ist ein Begriff aus dem Spanischen für „Omelett". Die Grundzutaten für die „Tortilla Española" sind immer Kartoffeln, Olivenöl, Zwiebeln und Eier. In Spanien isst man die Tortilla auch kalt, sogar als Brotbelag auf Baguette und gerne mit anderen Zutaten verfeinert. Lecker ist Tortilla beispielsweise mit scharfer spanischer Wurst (Chorizo), Krabben, Tomaten oder Blattspinat.

Himmel und Erde

Schmeckt wie im Brauhaus.

- Den Backofen auf etwa 80 Grad (Umluft 70 Grad) vorheizen. Die gekochten Kartoffeln vom Vortag in Scheiben scheiden. Die Zwiebel abziehen und eine Hälfte würfeln. Die Kartoffeln in einer beschichteten Pfanne im Öl anbraten. Wenn die Kartoffeln goldgelb sind, die Zwiebeln dazugeben – nicht vorher, da sie sonst leicht verbrennen.
- Kartoffeln mit Salz, Pfeffer und Majoran abschmecken, auf einen Teller geben und im vorgeheizten Backofen warm stellen.
- Von der Blutwurst die Haut abziehen und die Wurst in ½ cm dicke Scheiben schneiden. Das Mehl auf einen Teller geben und die Blutwurstscheiben darin wenden.
- Die Pfanne mit einem Pfannenwender vorsichtig auskratzen und mit etwas Öl nochmals erhitzen. Die Blutwurst hineingeben und von jeder Seite für 1 bis 2 Min. anbraten. Die Blutwurst auf den Bratkartoffeln anrichten. Das Apfelkompott dazu reichen.

▶ **Für 1 Person**
Preisgünstig
🕒 **20 Min.**

- 2–3 mittelgroße gekochte Kartoffeln (vom Vortag)
- ½ kleine Zwiebel
- 2 EL Rapsöl
- Salz | Pfeffer
- Majoran, gerebelt
- 1 Stück Blutwurst (daumenlänge, von der Wursttheke)
- ½ EL Mehl, Type 550
- 2 EL Rapsöl
- 5 EL Apfelkompott aus dem Glas

Variante

- Anstatt Blutwurst eignet sich auch gebratene Leberwurst oder Grützwurst.

Und das, was übrig bleibt?

- Essen Sie den Rest Apfelkompott einfach am nächsten Tag als Zwischenmahlzeit.

Tipp

- Apfelkompott ist auch schnell selbst gemacht. Dafür einen großen Apfel schälen, in Stücke schneiden und in einem kleinen Topf mit etwas Wasser für 5 bis 10 Min. kochen lassen. Mit Zitrone und Zucker abschmecken.

KLEINE GERICHTE

KLEINE GERICHTE

Pikante Sülze mit Remoulade und Schmorkartoffeln
Ein schnelles Gericht für Liebhaber.

▶ Für 1 Person
Geht schnell
⏱ 20 Min.

- 2–3 mittelgroße Kartoffeln
- 1 kleine Zwiebel
- 1 EL Rapsöl
- Salz | Pfeffer
- ¼ TL Majoran, gerebelt
- 1 Scheibe Sülze (von der Fleischtheke)
- 1 EL Remoulade (Tube)
- 1 Krone Petersilie

- Kartoffeln waschen, schälen und in dünne Scheiben schneiden. Die Zwiebel abziehen und in Streifen schneiden.

- In einer beschichteten Pfanne das Öl bei mittlerer Temperatur erhitzen. Die rohen Kartoffelscheiben in die Pfanne geben und unter gelegentlichem Wenden langsam goldgelb anbraten.

- Kurz bevor die Kartoffeln fertig sind, die Zwiebeln dazugeben und mitbraten. Mit Salz, Pfeffer und Majoran abschmecken.

- Die Bratkartoffeln auf einen Teller geben. Die Scheibe Sülze halbieren und zu den Kartoffeln legen. Die Remoulade zur Sülze geben und mit Petersilie garnieren.

Tipp
- Meist gibt es verschiedene Sorten Sülze. Probieren Sie, welche Sorte Ihnen am besten schmeckt, indem Sie von jeder ein bisschen nehmen.

Bei (feucht-)fröhlichen Abenden kann eine deftige Grundlage nicht schaden.

Rosenkohl-Kartoffel-Gratin

Lässt sich auch mit vielen anderen Gemüsesorten zubereiten.

▶ Für 1 Person
Geht schnell ⏱ 10 Min. + 25 Min. Backzeit

1 Hand voll tiefgekühlter Rosenkohl (ca. 12 Stück, am Vortag auftauen) · Öl zum Einfetten einer Auflaufform · **2** Prisen Muskatnusspulver · Salz | Pfeffer · **½** Packung Kartoffelgratin (fertig aus dem Kühlregal, z. B. von Pfanni) · **1** Scheibe Käse

- Den Rosenkohl am Vorabend aus dem Tiefkühlfach nehmen und im Kühlschrank auftauen lassen.
- Den Backofen auf 190 Grad (Umluft 175 Grad) vorheizen. Eine Auflaufform einfetten. Rosenkohl halbieren und in der Schüssel mit Muskatnuss, Salz und Pfeffer würzen. Mit der Schnittfläche nach oben nebeneinander in die Auflaufform legen.
- Die halbe Packung vom Kartoffelgratin auf dem Rosenkohl verteilen. Die Scheibe Käse obenauf legen. Gratin auf der mittleren Schiene des Ofens etwa 20 bis 25 Min. goldbraun backen.

Und das, was übrig bleibt?

- Am Folgetag die Reste vom Gratin mit etwas Brühe aufkochen, mit dem Stabmixer pürieren und fertig ist eine leckere Kartoffelsuppe. Oder: Mit der anderen Hälfte des Gratins einen Tortilla-Auflauf mit Schinken zubereiten (S. 84).

Brokkoli-Blumenkohl-Auflauf

Der Auflauf lässt sich gut vorbereiten – auch für Gäste.

▶ Für 1 Person
Gelingt leicht ⏱ 10 Min. + 20 Min. Backzeit

125 g tiefgekühlter Brokkoli · **125 g** tiefgekühlter Blumenkohl · Salz · Muskatnusspulver · **1** Scheibe Kochschinken · **½** Tetrapack Sauce Hollandaise (ca. 125 g) · **1** Scheibe Käse · **1** Baguettebrötchen

- Einen kleinen Topf etwa 2 Fingerhoch mit Wasser füllen, Salz hinzugeben und zum Kochen bringen. Brokkoli und Blumenkohl ins kochende Wasser geben und 5 Min. garen. Backofen auf 200 Grad (Umluft 180 Grad) vorheizen.
- Gemüse durch ein Sieb abgießen und mit kaltem Wasser abschrecken. Die Gemüseröschen in eine Auflaufform geben und mit Muskatnuss würzen. Kochschinken in Streifen schneiden und auf dem Gemüse verteilen.
- Die Hollandaise unverdünnt über die Röschen geben (wer will, kann sie mit etwas Milch verlängern). Käse obenauf legen und den Auflauf 15 bis 20 Min. im Ofen überbacken. Mit Baguettebrötchen servieren.

Und das, was übrig bleibt?

- Den Rest der Hollandaise zu Spargel oder Blumenkohl essen.

Reibekuchen mit Apfelkompott

Ein guter Grund, die Nachbarn einzuladen.

▶ Für 4–5 Personen
Gelingt leicht ⏱ 15 Min. + 30 Min. Garzeit
5 Äpfel · **100 ml** Wasser · **3 EL** Zucker · **3** Spritzer Zitronensaft · **1** Dose fertiger Reibekuchenteig (1 kg, z. B. von Henglein) · Rapsöl zum Braten

- Äpfel waschen, schälen und in Viertel schneiden. In einem mittleren Topf Wasser, Zucker und Zitronensaft aufsetzen und aufkochen lassen. Die Apfelstücke dazugeben und bei niedriger Temperatur 10 bis 15 Min. gar ziehen lassen. Mit der Gabel die Äpfel etwas zermusen.
- Öl in einer großen beschichteten Pfanne erhitzen. Reibekuchenmasse mit einem Esslöffel aus der Dose direkt in die Pfanne geben. Etwas andrücken. Die Reibekuchen mit einem Pfannenwender umdrehen, sobald sie einen leicht braunen Rand bekommen.
- Reibekuchen auf Küchenkrepp legen, damit das Fett aufgesogen wird, mit Apfelkompott servieren.

Variante
- Anstatt Apfelkompott passen auch Kräuterquark und geräucherter Lachs zum Reibekuchen.

Und das, was übrig bleibt?
- Verbrauchen Sie den Rest Reibekuchenteig innerhalb von 3 bis 4 Tagen.

Schwäbische Maultaschen

Ein Klassiker aus dem Ländle.

▶ Für 1 Person
Gelingt leicht ⏱ 15 Min. + 15 Min. Garzeit
1 TL Rapsöl · **1** Hand voll tiefgekühltes Suppengemüse · **¼ l** Wasser · **1 EL** gekörnte Gemüsebrühe · **5** große Maultaschen (à 50 g, aus dem Kühlregal) · **½ TL** tiefgekühlte Petersilie · **1** Spritzer Maggi-Würze · Salz | Pfeffer

- In einem Topf das Öl bei mittlerer Temperatur erhitzen. Das gefrorene Gemüse hinzugeben und 3 Min. anschwitzen, dabei gelegentlich umrühren. Wasser und die gekörnte Gemüsebrühe hinzugeben und alles 10 Min. auf kleiner Flamme garen.
- Die Maultaschen zur Brühe geben und einmal aufkochen, dann bei niedriger Temperatur ohne Kochen weiter ziehen lassen, bis sie an der Oberfläche schwimmen. Die Petersilie dazugeben.
- Die Brühe mit Maggi-Würze, Salz und Pfeffer abschmecken und alles in einem tiefen Teller anrichten.

Für Gäste
- Maultaschen in Streifen schneiden und anbraten. Mit Tomatensauce und Spiegelei servieren.

KLEINE GERICHTE

KLEINE GERICHTE

Deftige Bohnenpfanne mit Kabanossi-Wurst
Für kalte Tage!

▶ Für 1 Person
Lässt sich gut vorbereiten
⏲ 20 Min. + 20 Min. Garzeit

2 mittelgroße Kartoffeln
¼ kleine Zwiebel
1 Kabanossi-Wurst
1 Hand voll tiefgekühltes Balkangemüse
6 EL weiße Bohnen (aus Glas oder Dose)
4 EL Tomatensaft
2 EL Tomatenmark
1 EL Paprikamark
2 Prisen Zucker
Salz | Pfeffer
½ TL tiefgekühlte Petersilie

- Die Kartoffeln waschen, schälen und in Würfel schneiden. In kaltem Salzwasser aufsetzen und etwa 20 Min. kochen lassen.

- Die Zwiebel abziehen und ein Viertel in feine Würfel schneiden. Den Rest der Zwiebel in einer kleinen, gut schließenden Frischhaltedose aufbewahren. Die Kabanossi in etwa 1 cm dicke Scheiben schneiden.

- In einem Topf das Balkangemüse und die Zwiebel mit etwas Wasser zugedeckt aufkochen. Bei mittlerer Temperatur etwa 5 Min. köcheln, gelegentlich umrühren.

- Die Bohnen, den Tomatensaft, Tomatenmark, das Paprikamark, die Kartoffeln und die Kabanossi dazugeben und weitere 3 Min. bei kleiner Temperatur köcheln. Abschmecken mit Zucker, Salz und Pfeffer. In einem tiefen Teller anrichten und mit der Petersilie dekorieren.

Variante
- Anstelle von Kabanossi können Sie auch Pfefferbeißer oder Mettwurst verwenden.

Und das, was übrig bleibt?
- Den Rest weiße Bohnen für Bohnensuppe verwenden (S. 35).
Aus dem Rest Tomatensaft einen Tomate-Paprika-Blutorangen-Drink zubereiten (S. 93).

Herzhafter Pfannkuchen mit Gemüse

Pfannkuchen lässt sich auf viele verschiedene Arten zubereiten.

- In einer Schüssel das Mehl mit dem Backpulver, Salz, Zucker und der Milch mit einem Schneebesen glatt rühren. Das Ei hinzurühren und den Teig beiseite stellen.
- In einem Topf die Butter bei mittlerer Temperatur erhitzen. Das Gemüse und das Wasser hinzugeben, aufkochen lassen und dann auf kleiner Flamme etwa 10 Min. mit geschlossenem Deckel dünsten. Das Gemüse zwischendurch wenden, dann mit Salz und Pfeffer abschmecken und zugedeckt zum Warmhalten beiseite stellen.
- In einer beschichteten Pfanne das Öl bei mittlerer Temperatur erhitzen. Den Teig mittig hineingießen und durch leichte Schwenkbewegungen den ganzen Pfannenboden gleichmäßig bedecken. Sobald die Ränder goldbraun werden und die Mitte des Pfannkuchens nicht mehr feucht ist, den Pfannkuchen mit einem Pfannenwender wenden.
- Wenn die Unterseite des Pfannkuchens ebenfalls goldbraun ist, diesen auf einem Teller anrichten und das Gemüse in die Mitte darauf geben.

Variante

- Verwenden Sie für einen süßen Pfannkuchen Apfelstücke anstelle von Gemüse. Salzige Varianten lassen sich auch prima mit Speck oder Mettwurst zubereiten. Dafür einfach die jeweiligen Zutaten in die Pfanne geben, den Pfannkuchenteig darübergeben, das Ganze fest werden lassen und von beiden Seiten goldbraun braten.

Für Gäste

- Pro Portion je 300 g grünen Spargel waschen, schälen und in Salzwasser etwa 7 Min. kochen. Dazu Sauce Hollandaise – die gibt es fertig im Tetrapack – in einem Topf vorsichtig erwärmen. Den Spargel in einen Pfannkuchen klappen und Sauce Hollandaise dazu reichen.

▶ Für 1 Person
Braucht etwas mehr Zeit
⏱ 30 Min.

2 EL	Mehl, Type 550
1	Prise Backpulver
1	Prise Salz
1	Prise Zucker
1/8 l	Milch
1	Ei
1 TL	Butter
250 g	tiefgekühltes Mischgemüse
1 TL	Wasser
	Salz	Pfeffer
1 TL	Rapsöl zum Braten

KLEINE GERICHTE

Tomate-Paprika-Blutorangen-Drink
Pikant trifft süß.

- Paprikaschote waschen, putzen und ein Achtel davon in kleine Würfel schneiden. Den Rest in einer Frischhaltedose aufbewahren.
- In einem hohen Messbecher alle Zutaten mit einem Stabmixer fein pürieren. Mit Salz und Pfeffer abschmecken. Gekühlt trinken.

Und das, was übrig bleibt?
- Den Rest Paprika abends zum Brot essen, für Schaschlik verwenden (S. 53) oder in die Gulasch- oder Tomatensuppe (S. 41, S. 32) schnippeln.

▶ Für 1 Person
Geht schnell
⏲ 10 Min.

- ⅛ rote Paprikaschote
- 125 ml Tomatensaft
- 75 ml Blutorangensaft
- 1 Spritzer Zitronensaft
- 1 Spritzer Tabasco (nach Geschmack)
- 1 Prise Zucker
- Salz | Pfeffer

KLEINE GERICHTE

Samstags traf man sich zuerst in der Milchbar und abends beim Tanz.

KLEINE GERICHTE

Pürierter Beeren-Cocktail (Smoothie)

Eine schnelle Erfrischung.

▶ **Für 1 Person**
Gelingt leicht ⊙ **5 Min.**

1 Hand voll frische Beeren · (Himbeeren, Brombeeren, Erdbeeren, Blaubeeren) · **½ Tasse** roter Traubensaft · **½ TL** Honig · **1 Prise** Vanillezucker · **1 Spritzer** Zitronensaft

- Alle Zutaten in einen Mixbecher geben und pürieren. In einem hohen Trinkglas mit breitem Strohhalm servieren.

Variante

- Sie können diesen Cocktail auch mit Pfirsich- oder Aprikosenkompott und hellem Saft herstellen.

Tipp

- Wenn Sie keinen Mixbecher haben, pürieren Sie alle Zutaten in einer hohen Schüssel mit einem Stabmixer.

Bananenmilch

Schnell gemachter Energielieferant.

▶ **Für 1 Person**
Geht schnell ⊙ **5 Min.**

1 Banane · **1 EL** Vanilleeis · **1 Spritzer** Zitronensaft · **150 ml** kalte Milch

- Alle Zutaten in einen hohen Messbecher geben und mit dem Stabmixer fein pürieren.

Pfirsichmilch

Fruchtig-frische Zwischenmahlzeit.

▶ Für 1 Person
Gelingt leicht ⊙ **5 Min.**
2 Pfirsichhälften aus der Dose · **1** Spritzer Zitronensaft · **150 ml** kalte Milch

- Alle Zutaten in einen hohen Messbecher geben und mit dem Stabmixer fein pürieren. Auf Wunsch mit etwas Zucker abschmecken.

Tipp

- Fruchtmilch lässt sich aus verschiedenen Obstsorten herstellen. Auch geeignet für Reste von Fruchtkompott.

Apfel-Möhren-Saft mit Kresse

Eine köstliche Vitaminbombe.

▶ Für 1 Person
Geht schnell ⊙ **5 Min.**
100 ml Apfelsaft · **150 ml** Möhrensaft · **1** Prise Zucker · **1** Spritzer Zitronensaft · **1 EL** Gartenkresse · Salz | Pfeffer

- In einem hohen Messbecher Apfelsaft, Möhrensaft, Zucker und Zitronensaft vermischen. Die Kresse hinzugeben und mit einem Stabmixer pürieren. Mit Salz und Pfeffer abschmecken. Gekühlt trinken.

KLEINE GERICHTE

Beerenkaltschale
Erfrischend an einem Sommertag.

▶ **Für 1 Person**
Gelingt leicht
🕒 **5 Min. + 30 Min. Quellzeit**

- 150 ml roter Traubensaft
- 2 TL Perlsago (10 g)
- 100 g tiefgekühlter Beerenmix
- 1 TL Honig
- 1 TL Vanillezucker
- 1 Spritzer Zitronensaft

- In einem kleinen Topf den Traubensaft mit Perlsago bei mittlerer Temperatur erhitzen. Aufkochen und unter gelegentlichem Rühren etwa 12 Min. köcheln lassen.

- Den Beerenmix in die Grütze geben und einmal aufkochen. Abschmecken mit Honig, Vanillezucker und Zitronensaft.

- Die Beerenkaltschale 15 Min. auf der ausgeschalteten Herdplatte stehen lassen, dann kann der Sago noch quellen. Gelegentlich umrühren. Die Suppe ist fertig, wenn der Sago keinen weißen Kern mehr hat. Gekühlt genießen.

Variante
- Die Kaltschale ist mit einer Kugel Vanilleeis besonders erfrischend.

Tipp
- Mit 1 TL Sago mehr lässt sich auf diese Weise Rote Grütze zubereiten.

Wenn gerade niemand hinschaute, wurden die leckeren Beeren direkt aus dem Garten stibitzt.

Hefeklöße mit frischem Pflaumenkompott

Das schmeckt wie in Kindertagen!

▶ **Für 1 Person**
Gelingt leicht ⏲ **15 Min. + 10 Min. Garzeit**

5 Pflaumen · **100 ml** Vollmilch · **1 TL** Butter · **2** Hefeklöße (aus dem Kühlregal, z. B. von Henglein) · **3 EL** Wasser · **1 TL** Honig · **1** Prise Salz · **1** Prise Zimt

- Die Pflaumen waschen, halbieren und entkernen.
- Milch und ½ TL Butter in eine kleine beschichtete Pfanne geben und zum Kochen bringen.
- Die Hefeklöße in die kochende Milch setzen und bei geschlossenem Deckel 10 Min. bei mittlerer Hitze köcheln lassen.
- In einem Topf 3 EL Wasser, ½ TL Butter und Honig bei mittlerer Temperatur erhitzen. Die Pflaumenhälften hinzugeben. 5 Min. köcheln lassen. Mit Zimt und Salz abschmecken. Das Pflaumenkompott auf einen tiefen Teller geben und die Klöße mittig darauf legen.

Und das, was übrig bleibt?

- Den Rest der Hefeklöße können Sie im Kühlschrank aufbewahren – am besten dann innerhalb der nächsten 3 bis 4 Tage verzehren. Die Klöße lassen sich auch problemlos einfrieren. Lassen Sie sie vor der Zubereitung etwa 2 Stunden auftauen. Hefeklöße passen auch gut zu salzigen Gerichten mit viel Sauce wie Gulasch oder Rouladen. Dafür die Klöße in Salzwasser mit etwas Butter erhitzen.

Tipp

- Sie können auch Pflaumen aus dem Glas verwenden.

Süßspeisen und Desserts

SÜSSSPEISEN UND DESSERTS

Arme Ritter mit Ahornsirup

Auch als Alternative fürs Frühstück geeignet.

▶ **Für 1 Person**
Preisgünstig 🕐 **15 Min.**
75 ml Vollmilch · **1** Ei · **1 TL** Vanillezucker · **1** Prise Salz · **2** Prisen Zimtpulver · **2** Scheiben Vollkorntoast · **1 TL** Butter · **3–4 EL** Ahornsirup

- In einer flachen Schüssel mit einer Gabel oder einem Pürierstab die Milch mit dem Ei, Vanillezucker, Salz und Zimtpulver verquirlen. Die Toastscheiben in die Eiermilch legen, etwa 1 Min. einweichen lassen, wenden und den Rest der Masse aufsaugen lassen.
- In einer Pfanne die Butter bei mittlerer Temperatur heiß werden lassen. Die getränkten Toastscheiben darin von beiden Seiten goldbraun braten. Zum Wenden eignet sich ein Pfannenwender. Arme Ritter auf einem flachen Teller servieren und mit Ahornsirup beträufeln.

Variante
- Anstelle des Ahornsirups können Sie auch einfach Zucker über die Toastscheiben streuen. Sehr lecker dazu sind auch Fruchtkompott oder Vanilleeis.

Tipp
- Ahornsirup ist in kleinen Fläschchen mit 50 ml zu bekommen.

Milchnudeln mit Kompott

Kleine Mahlzeit für zwischendurch oder als Dessert.

▶ **Für 1 Person**
Gelingt leicht 🕐 **5 Min. + 15 Min. Garzeit**
300 ml Milch · **1 EL** Zucker · **50 g** Gabelspaghetti (ca. ½ Tasse) · **2 EL** Pflaumenkompott oder Rote Grütze

- Die Milch in einem Topf mit dem Zucker aufsetzen, Gabelspaghetti dazugeben und etwa 8 Min. langsam köcheln lassen, zwischendurch umrühren. Dann den Herd ausstellen und die Nudeln weitere 7 Min. auf der Platte ziehen lassen.
- In der Zwischenzeit das Kompott bzw. die Grütze in eine kleine Schale geben. Milchnudeln in einem tiefen Teller zum Kompott servieren.

Variante
- Zu den Milchnudeln passt auch Apfelmus oder anderes Kompott.

Milchreis mit Zimt und Zucker

Im Sommer gekühlt und im Winter warm servieren.

▶ **Für 1 Person**
Preisgünstig ⏱ **10 Min. + 30–40 Min. Quellzeit**
70 g Rundkornreis · **½ l** Vollmilch · **2 EL** Zucker · **1 EL** Zimtzucker (1 EL Zucker + 2 Prisen Zimtpulver)

- Den Reis mit der Milch in einen weiten Topf geben, aufkochen und dann bei mäßiger Hitze 10 Min. langsam köcheln lassen. Zwischendurch immer wieder mit einem Kochlöffel umrühren.
- Den Herd ausstellen und den Milchreis auf der noch warmen Platte weitere 20 bis 30 Min. quellen lassen. Gelegentlich umrühren. Milchreis mit 2 EL Zucker süßen. Den Milchreis direkt warm servieren oder im Kühlschrank kalt stellen. Zimtzucker darüber geben.

Variante
- Anstelle von Zimt und Zucker schmeckt auch Kompott oder Grütze prima zum Milchreis. Lecker ist er auch mit Schokostückchen.

Tipp
- Kochen Sie gleich die doppelte Menge als Dessert oder Zwischenmahlzeit für den nächsten Tag. Stellen Sie den Milchreis zwischendurch kühl und verzehren Sie ihn innerhalb von 2 bis 3 Tagen.

Obstmichl mit Mandarinen

Süße Resteküche!

▶ **Für 1 Person**
Geht schnell ⏱ **15 Min.+ 40 Min. Backzeit**
1 trockenes Brötchen · **12 EL** Milch · **½** kleine Dose Mandarinen · **½ TL** Butter · **1 TL** Paniermehl · **1** Ei · **1** Prise Salz · **1 EL** weiche Butter · **1 EL** Zucker · **1 TL** Mehl · **1 Msp.** Backpulver · **1 EL** Mandeln, gestiftet

- Den Backofen auf 210 Grad (Umluft 190 Grad) vorheizen. Das Brötchen grob zerkleinern. Brötchenstücke in der Milch einweichen. Die Mandarinen in einem Sieb geben, abtropfen lassen und den Saft auffangen.
- Eine feuerfeste Form mit Butter auspinseln und mit dem Paniermehl ausstreuen. Das Ei sauber trennen. Danach die Hände waschen. Eiweiß mit Salz in einen sauberen Rührbecher geben und mit dem Handrührgerät steif schlagen. Im Kühlschrank kalt stellen.
- Eigelb mit dem Brötchen und der Butter, Zucker, Mehl, Backpulver und Mandeln verrühren.
- Den Eischnee unter die Brötchenmasse heben. Dann die Mandarinen unter die Masse geben. Die Form maximal ¾ hoch mit der Masse füllen und auf der mittleren Ebene etwa 40 Min. backen.

Und das, was übrig bleibt?
- Die übrigen Mandarinen als Dessert oder Zwischenmahlzeit essen. Den Mandarinensaft mit Mineralwasser mischen und als Schorle trinken.

Grießschnitten mit Aprikosen

Der Duft beim Braten lässt einem das Wasser im Munde zusammenlaufen.

- Ein Förmchen (eckige Frischhaltedose oder Margarinebecher) mit Frischhaltefolie auslegen. In einem Topf die Milch aufkochen lassen. Den Topf beiseite ziehen. Grieß, Vanillezucker, Salz und Zitronenabrieb mit einem Schneebesen einrühren und den Topf wieder auf die Platte schieben. Den Grießbrei etwa 2 Min. auf kleiner Flamme bei stetigem Rühren köcheln. Die Masse in das Förmchen streichen und im Kühlschrank kalt stellen.

- Die Aprikosen waschen, halbieren und entkernen. In einem Topf die Butter bei mittlerer Temperatur erhitzen. Die Aprikosenhälften hinzugeben. 2 Min. köcheln lassen. Basilikum dazugeben, aufkochen und das Kompott beiseite stellen.

- Den Grieß aus dem Förmchen auf ein Brett stürzen und in gleichmäßige Würfel oder Scheiben schneiden. In einer Pfanne das Öl bei mittlerer Temperatur erhitzen. Den Zucker und den Zimt hineinstreuen. Die Grießschnitten in die Pfanne legen und von beiden Seiten etwa 3 Min. hellbraun braten.

- Zum Anrichten die Grießschnitten auf eine Seite des Tellers legen. Die Aprikosen daneben geben. Mit einer Basilikumkrone dekorieren.

Variante

- Auch Pfirsiche harmonieren gut mit Basilikum. Die Aprikosen können auch ohne Basilikum zubereitet werden. Dieser gibt dem Kompott jedoch eine ganz besondere Note. Schneller geht es, wenn Sie Aprikosenkompott aus der Dose verwenden.

▶ Für 1 Person
Gut vorzubereiten
⏱ 30 Min.

	Frischhaltefolie
165 ml	Vollmilch
40 g	Hartweizengrieß
1 TL	Vanillezucker
1	Prise Salz
¼ TL	Zitronenabrieb (Päckchen)
4	frische Aprikosen
1 TL	Butter
1	Blatt Basilikum und
1	Basilikumkrone
1 TL	Rapsöl
½ TL	Zucker
1	Prise Zimt

SÜSSSPEISEN UND DESSERTS

Rhabarbergrütze

Sauer macht lustig!

▶ Für 2 Personen
Gelingt leicht ⏱ 10 Min. + 30 Min. Garzeit
250 g Rhabarber · **150 ml** Wasser · **3 TL** Zucker · **1 EL** Honig · **1 TL** Perlsago (5 g)

- Vom Rhabarber beide Enden abschneiden, den Rhabarber waschen und abziehen. Den Rhabarber quer in 1 cm breite Stücke schneiden.
- In einem kleinen Topf Wasser, Zucker und Honig mit Perlsago bei mittlerer Temperatur erhitzen. Aufkochen und unter gelegentlichem Rühren etwa 12 Min. köcheln lassen.
- Rhabarber hinzugeben und weitere 4 Min. köcheln lassen. Von der Herdplatte ziehen und noch 15 Min. quellen lassen. Gelegentlich umrühren.
- Die Grütze ist fertig, wenn der Sago keinen weißen Kern mehr hat. Abkühlen lassen und vor dem Servieren nochmals abschmecken. Gekühlt genießen.

Das passt dazu
- Vanillesauce oder flüssige Sahne zur Grütze reichen.

Variante
- Lecker ist auch Grütze aus Erdbeeren und Rhabarber oder Stachelbeeren anstelle von Rhabarber.

Bratapfel mit Vanillesauce

Schmeckt nicht nur im Winter.

▶ Für 1 Person
Gut vorzubereiten ⏱ 30 Min.
1 TL Rosinen · **1 TL** Rum · **1** Apfel (Sorte Delicous oder Boskop) · **1 EL** Marzipan · **1 TL** Mandeln, gestiftelt · **½** Becher fertige Vanillesauce (ca. 100 ml)

- Den Ofen auf 175 Grad (Umluft 160 Grad) vorheizen. In einer kleinen Schale die Rosinen mit dem Rum marinieren. Den Apfel waschen und mit Küchenkrepp trocken reiben. Das Kerngehäuse mit einem Apfelausstecher entfernen.
- In einer Schüssel Marzipan mit den Mandeln und den eingeweichten Rosinen mischen. Die Masse in den Apfel füllen. Die Schale des Apfels einmal mittig rundherum einritzen.
- Den gefüllten Apfel in eine feuerfeste Form setzen und im Ofen auf der mittleren Schiene etwa 20 bis 25 Min. backen, bis das Marzipan goldgelb ist.
- Zum Anrichten den Bratapfel auf einem Teller anrichten und die Vanillesauce um den Apfel gießen.

Und das, was übrig bleibt?
- Den Rest der Vanillesauce zu Beerenfrüchten, Kompott oder zu Früchten mit Sago (S. 104) essen.

Vanillecreme mit Erdbeeren

Schmeckt nach Frühling.

▶ Für 1 Person
Gelingt leicht ⏲ **15 Min.**
1 EL Maisstärke · **100 ml** Vollmilch · **50 ml** Sahne · **1 EL** Vanillezucker · **1 Prise** Salz · **10** frische Erdbeeren · **½ TL** Zucker · **1 Blatt** frische Minze

- Maisstärke mit etwas Milch glatt rühren. Restliche Milch, Sahne, Vanillezucker und Salz aufkochen.
- Die angerührte Stärke mit einem Schneebesen unter Rühren in die heiße Flüssigkeit geben, noch einmal aufkochen lassen. Die Creme in ein kleines Glasschälchen umfüllen, etwas abkühlen lassen und dann in den Kühlschrank stellen.
- Die Erdbeeren waschen, putzen, vierteln und in eine Schüssel geben. Zucker darüber streuen und einmal wenden. Zum Servieren die Erdbeeren auf die Vanillecreme geben und mit der Minze garnieren.

Variante
- Verwenden Sie tiefgefrorene Früchte anstelle von frischen Erdbeeren.

Tipp
- Aus frischer Minze lässt sich auch ein erfrischender Tee kochen. Einfach eine Hand voll gewaschene Minze in ein Glas geben, mit kochendem Wasser aufgießen und etwa 10 Min. ziehen lassen. Nach Belieben süßen. Der Tee schmeckt warm und auch kalt.

Quarkspeise mit frischen Erdbeeren

Köstlich auch mit vielen anderen Früchten.

▶ Für 1 Person
Geht schnell ⏲ **10 Min.**
1 Hand voll frische Erdbeeren · **1 EL** Zucker · **½ Becher** Sahnequark (125 g) · **1 EL** Honig · **2 Blatt** frische Minze

- Die Erdbeeren waschen, den grünen Strunk entfernen, vierteln und in einer Schüssel mit dem Zucker vermengen. Die Erdbeeren 10 Min. stehen lassen.
- In der Zwischenzeit den Quark in einer weiteren Schüssel mit Honig verrühren. Die Erdbeeren vorsichtig unter den Quark heben. Die Quarkspeise in einer Schale anrichten und mit Minzeblättern dekorieren.

Variante
- Lecker ist es, wenn Sie die Erdbeeren in etwas Amaretto marinieren. Im Winter schmeckt die Quarkspeise köstlich mit Mandarinenfilets aus der Dose.

Und das, was übrig bleibt?
- Essen Sie den Rest Quark mit Marmelade als Brotaufstrich oder verwenden Sie ihn für Quarkspeise mit Sauerkirschen und Pumpernickel (S. 106).

Tipp
- Wenn Sie Magerquark verwenden, geben Sie etwas Milch dazu.

Schokoladenpudding mit Pfiff

Den würde man am liebsten gleich aus dem Topf löffeln.

▶ **Für 1 Person**
Braucht etwas mehr Zeit ⏱ **20 Min. + 60 Min. Kühlzeit**
1 Ei · **1** Msp. löslicher Kaffee · **1 EL** Kakaopulver · **125 ml** Vollmilch · **1 EL** Herrenschokolade, geraspelt · **1** Prise Vanillezucker · **1 TL** Zucker · **1** Prise Zimt · **1** Prise Salz

- In einem Schälchen das Ei mit Kaffee und Kakaopulver mit einem Schneebesen glatt rühren. Die Milch mit Schokolade, Vanillezucker, Zucker, Zimt und Salz in einem Topf bei mittlerer Temperatur erhitzen. Dabei umrühren.

- Die Eiermasse hineinrühren und den Pudding nur einmal aufkochen lassen. Dann sofort von der Platte ziehen, sonst gerinnt er.

- Schokoladenpudding in ein Schälchen füllen, mit Klarsichtfolie abdecken und in den Kühlschrank stellen. Gekühlt genießen.

Quarkspeise mit Sauerkirschen und Pumpernickel

Ein westfälisches Dessert.

▶ **Für 2 Personen**
Gelingt leicht ⏱ **20 Min.**
1 Scheibe Pumpernickel · **2 TL** Honig · **6 EL** Sauerkirschen aus dem Glas · **1 EL** Kirschwasser · **1** Becher Quark (250 g) · **2 EL** Vollmilch · **1 EL** Vanillezucker · **2** Riegel Herrenschokolade

- Den Pumpernickel fein zerbröseln. In einer Pfanne bei mittlerer Temperatur den Honig erhitzen. Die Pumpernickelbrösel darin etwa 3 Min. karamellisieren. Beiseite stellen.

- Die Sauerkirschen abtropfen und in einer Schale mit dem Kirschwasser marinieren. Den Quark mit der Milch und dem Vanillezucker glatt rühren. Die Herrenschokolade grob hacken.

- Zum Anrichten die Hälfte der Quarkmasse auf zwei Schälchen verteilen. Darauf die Kirschen geben. Pumpernickelbrösel und die Hälfte der Schokoraspel auf die Kirschen streuen. Eine zweite Schicht Quarkmasse auf den Kirschen verteilen und den Rest der Schokoraspeln drüber streuen.

Und das, was übrig bleibt?

- Die zweite Portion abdecken und im Kühlschrank aufbewahren. Sie schmeckt am nächsten Tag genauso gut. Mit den restlichen Kirschen kann ein Kirschpfannkuchen gemacht werden. Oder geben Sie sie als heiße Kirschen zum Milchreis. Kirschen passen auch gut anstelle von Mandarinen zum Obstmichl (S. 101).

Tiramisu

Typisch italienisches Dessert für ein Rendezvous.

- Eine Tasse starken Kaffee kochen oder mit löslichem Kaffeepulver herstellen. Zum Abkühlen in den Kühlschrank stellen.
- Das Ei sauber in Eiweiß und Eigelb trennen. Beides jeweils in einen hohen Messbecher geben. Eiweiß und Vanillezucker mit dem Handrührgerät steif schlagen und beiseite stellen.
- Das Eigelb mit dem Puderzucker cremig rühren. Mascarpone und Amaretto unter die Eigelbcreme rühren. Geschlagenes Eiweiß unter die Creme heben.
- 2 Dessertschälchen bereitstellen. In jedes Schälchen 2 bis 3 EL der Mascarponecreme geben. Löffelbisquits nacheinander kurz in den kalten Kaffee eintauchen und gleich auf die Mascarponecreme legen.
- Die restliche Creme auf die beiden Schälchen verteilen. Kalt stellen im Kühlschrank. Tiramisu kurz vor dem Anrichten mit Kakaopulver bestäuben. Hierfür am besten ein kleines Haarsieb über das Dessert halten und das Kakaopulver durch das Sieb auf die Creme rütteln.

▶ Für 2 Personen
Braucht etwas mehr Zeit
⊙ 20 Min.

½ Tasse	starker, abgekühlter Kaffee
1	Ei
1 EL	Vanillezucker
1 TL	Puderzucker
150 g	Mascarpone
2 EL	Amaretto
6	Löffelbiskuits
½ TL	Kakaopulver zum Bestäuben

Und das, was übrig bleibt?

- Den Rest Mascarpone mit Quark, Schmand oder Joghurt und 1 TL Zucker mischen, Kirschen oder Mandarinen dazugeben und am nächsten Tag als Dessert genießen.

Tipp

- Anstelle von Amaretto können Sie auch 2 bis 3 Tropfen Backaroma mit Bittermandelgeschmack verwenden.

ABENDESSEN UND SALATE

Rindfleischsalat mit Baguette

Dieses köstliche Essen lässt sich am besten aus Resten herstellen.

▶ **Für 1 Person**
Gelingt leicht ⏱ **15 Min.**

1 EL Tomatenmark · **1 TL** Paprikamark · **2 EL** Gurkenwasser · **1 TL** Zucker · **1 Prise** Paprikapulver · **80 g** gekochtes Rindfleisch (als Rest von einem Braten) · **1** kleine Gewürzgurke · **3** Silberzwiebeln (aus dem Gurkenglas) · **¼** rote Paprikaschote · Salz | Pfeffer · **1** Baguettebrötchen

- In einer Schüssel Tomatenmark, Paprikamark, Gurkenwasser, Zucker und Paprikapulver verrühren. Das Rindfleisch in Streifen schneiden, in die Marinade geben und vorsichtig unterheben.

- Die Gurke ebenfalls würfeln, die Silberzwiebeln vierteln. Paprikaschote waschen und putzen, ein Viertel davon in kleine Würfel schneiden.

- Gemüse zum Fleisch geben und auch vorsichtig untermengen. Salat mit Salz und Pfeffer abschmecken. Das Baguettebrötchen dazu reichen.

Und das, was übrig bleibt?

- Den Rest der Paprikaschote in einer Frischhaltedose aufbewahren und für das Spanische Omelett (S. 84) oder Schaschlik (S. 53) verwenden.

Abendessen und Salate

Mettbrötchen mit Zwiebelringen

Dazu passt ein Bier.

▶ Für 1 Person
Geht schnell ⏱ 5 Min.

¼ kleine Zwiebel · 1 Brötchen · 1 TL Butter · 4 EL Zwiebelmett · ¼ TL tiefgekühlter Schnittlauch · Pfeffer aus der Pfeffermühle · 1 Portion Senfgurken

- Die Zwiebel abziehen und ein Viertel in dünne Streifen schneiden. Den Rest der Zwiebel in einer kleinen, gut schließenden Frischhaltedose aufbewahren.
- Das Brötchen halbieren und mit Butter bestreichen. Auf jede Brötchenhälfte 2 EL Zwiebelmett streichen. Die Zwiebelstreifen obenauf legen. Mit Schnittlauchröllchen und Pfeffer bestreuen. Die Senfgurken in einem Schälchen dazu reichen.

Und das, was übrig bleibt?

- Senfgurken lassen sich im angebrochenen Glas im Kühlschrank aufbewahren. Achten Sie darauf, dass die Flüssigkeit das Gemüse bedeckt.

Laugenbrezel mit Butter und Radieschen

Kleine Mahlzeit für einen lauen Sommerabend.

▶ Für 1 Person
Geht schnell ⏱ 5 Min.

½ Bund Radieschen · 1 Brezel · 2 EL Kräuterbutter (Tube)

- Die Radieschen waschen und von Wurzeln und Grün befreien. Die weiche Butter direkt auf die Brezel streichen und zu den Radieschen essen.

Variante

- Radieschen – oder alternativ Rettich – in Scheiben schneiden, salzen und dazu essen. Auch Gurkenscheiben passen gut.

Tipp

- Die Brezel am besten erst kurz vorher einkaufen, dann ist sie knuspriger. Brezeln sind auch tiefgefroren als Rohlinge erhältlich. Sie lassen sich innerhalb von 10 Min. aufbacken. Frischer geht es kaum.

Toast mit Schnittlauchquark und Tomaten

Alles dabei: Getreide, Milch und Gemüse.

▶ Für 1 Person
Preisgünstig ⊙ 10 Min.

4 EL Quark · 2 EL tiefgekühlter Schnittlauch · 1 Prise Zucker · Salz | Pfeffer · 2 Scheiben Vollkorntoast · 2 kleine Tomaten

- In einer kleinen Schüssel den Quark mit Schnittlauch vermengen. Abschmecken mit Zucker, Salz und Pfeffer.
- Den Toast im Toaster goldbraun toasten. Leicht abkühlen lassen. Je die Hälfte der Quarkmasse auf eine Toastscheibe streichen.
- Die Tomaten waschen, den Strunk entfernen und jeweils in 4 Scheiben schneiden. Tomatenscheiben auf den Quark legen. Mit Salz und Pfeffer bestreuen.

Variante

- Den Quark können Sie auch mit anderen Kräutern zubereiten, beispielsweise mit frischem Basilikum. Alternativ können Sie auch fertigen Kräuterquark verwenden. Den gibt es auch in kleinen Portionspackungen von jeweils 60 g. Und anstelle der Tomaten schmecken auch Gurkenscheiben.

Und das, was übrig bleibt?

- Den Rest Quark für ein Quarkdessert (S. 105) oder für die Quarkspeise mit Sauerkirschen und Pumpernickel (S. 106) verwenden.

Toast Hawaii

Es muss ja nicht immer nur ein belegtes Brot sein.

▶ Für 1 Person
Gelingt leicht ⊙ 10 Min. + 10 Min. Backzeit

2 Scheiben Vollkorntoast · 1 TL Butter · 2 Scheiben gekochter Schinken · 2 Ananasringe aus der Dose, abgetropft · 2 Scheiben Goudakäse oder Scheibletten · 2 Cocktailkirschen

- Den Ofen auf 200 Grad (Umluft 180 Grad) vorheizen. 2 Scheiben Toast im Toaster goldbraun toasten. Etwas abkühlen lassen. Beide Scheiben mit Butter bestreichen.
- Jeden Toast mit je einer Scheibe Schinken, einem Ananasring und einer Scheibe Käse belegen. Die belegten Toasts auf einem Backblech mit Backpapier auf der mittleren Schiene im Ofen etwa 10 Min. überbacken.
- Zum Servieren die Toasts auf einem Teller anrichten. In die Mitte der Ananas je eine Cocktailkirsche legen.

Und das, was übrig bleibt?

- Den Rest Ananas als Kompott genießen.

Tipp

- Toast Hawaii ist auch für Besuch schnell gemacht. Die Cocktailkirschen gehören zum klassischen Toast Hawaii dazu. Es schmeckt aber ohne genauso gut.

ABENDESSEN UND SALATE

ABENDESSEN UND SALATE

Pizzaschnitte

Italienischer Snack, der sich vielfältig variieren lässt.

▶ Für 1 Person
Braucht etwas mehr Zeit
⏱ 30 Min.
2 Tomaten
5 Blätter Basilikum
1 Stück frischer Pizzateig (aus dem Kühlregal, z. B. von Henglein)
1 Prise Muskatnusspulver
Salz | Pfeffer
1 Scheibe Käse
2 Prisen Oregano, gerebelt

- Den Ofen auf 220 Grad (Umluft 195 Grad) vorheizen. Die Tomaten waschen, den Strunk entfernen und in jeweils 5 Scheiben schneiden. Die Basilikumblätter mit den Fingern grob zupfen.

- Ein Viertel einer Teigplatte Pizzateig auf ein Backblech mit Backpapier legen. Die Tomatenscheiben auf dem Teig verteilen. Basilikum auf die Tomatenscheiben legen. Mit Muskatnuss, Salz und Pfeffer würzen.

- Den Käse grob schneiden, über den Tomaten verteilen. Die Pizzaschnitte auf dem Blech in den Ofen schieben und auf mittlerer Schiene etwa 20 Min. backen. Zum Anrichten mit Oregano bestreuen.

Variante

- Die Schnitte mit Salami oder gekochtem Schinken belegen. Tomatenwürfel aus dem Tetrapack, fertige Tomatensauce oder Sauce Bolognese auf die Pizza streichen.

- Für Pizzasticks die Pizzaschnitte mit Tomatenmark bestreichen. Mit je 2 Prisen Salz und Zucker bestreuen und längs in gleichmäßig breite Streifen schneiden. Dann bei 175 Grad (Umluft 160 Grad) im Ofen backen.

Und das, was übrig bleibt?

- Der Pizzateig kann portionsweise eingefroren werden. Den Teig zur nächsten Verwendung dann etwa 1 Stunde vorher auftauen lassen.

Komm' ein bisschen mit, nach Italien

Matjesfilet „Hausfrauen Art" mit Pellkartoffeln

Das schmeckt in allen Regionen Deutschlands.

- Die Kartoffeln waschen, mit Schale in kaltem Salzwasser aufsetzen und etwa 30 Min. kochen lassen. In der Zwischenzeit in einer Schüssel die Mayonnaise, den Joghurt und den Zitronensaft verrühren.
- Die Zwiebel abziehen und die Hälfte in feine Würfel schneiden. Den Rest der Zwiebel in einer kleinen, gut schließenden Frischhaltedose aufbewahren.
- Den Apfel waschen und entkernen. Ein Viertel davon fein würfeln. Zwiebel- und Apfelwürfel in die Sauce geben. Mit Zucker, Salz und Pfeffer abschmecken.
- Matjes aus der Packung nehmen und auf ein Küchenkrepp legen. Die Kartoffeln abgießen und pellen.
- Zum Anrichten Fischfilets auf eine Seite des Tellers legen, die Sauce darüber geben. Kartoffeln auf den Teller legen und mit der Petersilie dekorieren.

Tipp

- Wenn es schnell gehen soll, nehmen Sie einfach fertigen Heringsstipp oder Matjesfilet. Die Kartoffeln können auch mit Schale gegessen werden.

▶ **Für 1 Person**
Gelingt leicht
⏲ **20 Min. + 30 Min. Garzeit**

- 2–3 mittelgroße Kartoffeln
- 1 EL Mayonnaise (Tube)
- 2 EL Naturjoghurt
- 1 Spritzer Zitronensaft
- ½ kleine Zwiebel
- ¼ Apfel
- 1 Prise Zucker
- Salz | Pfeffer
- 2 Matjesfilets
- 1 Krone krause Petersilie

ABENDESSEN UND SALATE

ABENDESSEN UND SALATE

Matjes-Bohnen-Salat mit Salzkartoffeln

Ein pikantes Fischgericht für warme Tage.

▶ **Für 1 Person**
Gelingt leicht
🕒 **20 Min. + 25 Min. Garzeit**

- 1 kleine Dose Brechbohnen (150 g, z. B. von Bonduelle)
- ¼ kleine Zwiebel
- 2 EL Mayonnaise (Tube)
- 1 EL Naturjoghurt
- Salz | Pfeffer
- 2 Matjesfilets
- ¼ TL tiefgekühlte Petersilie
- 2–3 mittelgroße Kartoffeln

– Die Bohnen durch ein Sieb abgießen. Die Zwiebel abziehen und ein Viertel in feine Streifen schneiden. Den Rest der Zwiebel in einer kleinen, gut schließenden Frischhaltedose aufbewahren.

– In einer mittleren Schüssel Mayonnaise und Joghurt mit einem Schneebesen glatt rühren. Zwiebelstreifen dazugeben. Mit Salz und Pfeffer würzen.

– Matjesfilets quer in etwa 2 cm breite Streifen schneiden und in die Sauce geben. Feine Gräten kann man mitessen, grobe Gräten sollten entfernt werden.

– Die Bohnen und Petersilie in die Salatsauce geben. Die Matjesstreifen vorsichtig unterheben und den Salat mit Salz und Pfeffer abschmecken. Salat in den Kühlschrank stellen.

– Die Kartoffeln waschen, schälen und achteln. In kaltem Salzwasser aufsetzen und etwa 25 Min. kochen lassen.

– Die Kartoffeln abgießen und auf einen Teller geben. Matjes-Bohnen-Salat dazu anrichten.

Variante

– Mit einer halben, entkernten und in Streifen geschnittenen Tomate können Sie den Salat farblich auffrischen.

Ob so wohl Gus Backus' großer Hit „Bohnen in die Ohr'n" entstand?

Brot mit Hering in Tomatensauce und Avocado

Tomaten-fruchtiger Fischgenuss.

- Das Brot mit Kräuterbutter bestreichen und auf einen Teller legen. Die Fischdose vorsichtig öffnen und den Deckel entsorgen.
- Fischfilets vorsichtig aus der Dose nehmen und auf das Brot legen. Das Filet eventuell halbieren, damit das ganze Brot bedeckt ist.
- Die Avocado der Länge nach bis auf den Kern einschneiden. Die Hälften gegeneinander drehen. Die Schnittflächen der Hälfte, in der der Kern geblieben ist, mit Zitronensaft bestreichen. Avocadohälfte in Frischhaltefolie einwickeln und in den Kühlschrank legen.
- Die andere Hälfte der Avocado schälen und in knapp ½ cm dünne Scheiben schneiden. Die Avocadoscheiben auf den Fisch legen und mit Zitronensaft beträufeln.
- Die Kirschtomaten waschen, halbieren und auf die Avocado legen. Alles kräftig salzen und pfeffern. 1 EL Kresse zur Garnitur auf das Brot streuen.
- Dieses leckere Brot lässt sich nicht einfach „aus der Hand essen" – am besten funktioniert es mit Messer und Gabel.

▶ **Für 1 Person**
Gelingt leicht
🕙 **10 Min.**
1–2 Scheiben Vollkornbrot
1 TL Kräuterbutter
1 Dose Heringsfilet in Tomatensauce
1 reife Avocado
1 Spritzer Zitronensaft
2 Kirschtomaten
Salz | Pfeffer
1 EL Kresse

Und das, was übrig bleibt?

- Den Rest der Avocado am nächsten Tag vom Kern befreien, mit Salz, Pfeffer und Zitronensaft würzen und mit einem Teelöffel direkt aus der Schale zum Brot essen. Oder: den Rest Avocado vom Kern befreien, schälen und in eine Schüssel geben. Zusammen mit etwas Knoblauch, Salz, Pfeffer, Zitronensaft und Chili mit einer Gabel zermusen und als Brotaufstrich oder Dip verwenden. Oder süß als Dessert: den Rest Avocado schälen und ohne Kern in eine Schüssel geben. Mit 3 EL Himbeeren, 1 EL Zitronensaft und 1 TL Puderzucker mit einer Gabel zermusen. Gekühlt genießen.

Chicoréesalat mit Sahnedressing
Bitter-süßer Salatgenuss.

ABENDESSEN UND SALATE

▶ Für 1 Person
Gelingt leicht
🕒 15 Min.

- 1–2 Chicoreestauden (je nach Größe)
- 50 ml Sahne
- 1 EL Honig
- 1 Spritzer Zitronensaft
- ½ TL tiefgekühlte Petersilie
- Salz | Pfeffer
- 3 EL Mandarinenfilets aus der Dose

- Den Chicorée der Länge nach halbieren und den Strunk großzügig herausschneiden. Eine Schüssel mit lauwarmem Wasser füllen.

- Chicorée in Streifen von etwa 1 cm schneiden und in das Wasser geben. Nach 5 Min. den Salat aus dem Wasser holen und in der Salatschleuder trocknen, alternativ auf einem sauberen Küchenhandtuch trocknen.

- In einer Schüssel Sahne, Honig, Zitronensaft und Petersilie mit einem Schneebesen verrühren. Mit Salz und Pfeffer abschmecken.

- Den Chicorée mit Mandarinenfilets zum Dressing geben, vermengen und auf einem Teller anrichten. Dazu 2 Scheiben Toastbrot reichen.

Und das, was übrig bleibt?

- Den Rest der Mandarinen in einer Frischhaltedose aufbewahren. Innerhalb der nächsten 2 bis 3 Tage zum Dessert oder als Zwischenmahlzeit essen. Mandarinenfilets sind auch lecker in Quarkspeise (s. Variante der Quarkspeise mit frischen Erdbeeren S. 105).

Salat mit rotem Cocktaildressing

Klassisches Salatdressing.

▶ **Für 1 Person**
Geht schnell ⏱ **5 Min.**

1 Hand voll Blattsalat nach Wahl · **2 EL** Mayonnaise (Tube) · **1 TL** Tomatenmark · **1 TL** Zucker · **1 EL** Milch · **1 TL** tiefgekühlter Dill · **2 EL** Orangensaft · Salz | Pfeffer

- Salat waschen, putzen und trocknen. Alle anderen Zutaten für das Dressing in einer kleinen Schale miteinander verrühren. Abschmecken mit Salz und Pfeffer.

Variante
- Dieses Dressing passt außer zu Salat auch sehr gut zu Krabben oder gebratenen Shrimps.

Tipp
- Salate gibt es auch fertig geputzt im Kühlregal der Gemüseabteilung.

Salat mit weißem Joghurtdressing

Frisches für den Salat.

▶ **Für 1 Person**
Gelingt leicht ⏱ **5 Min.**

1 Hand voll Blattsalat nach Wahl · **2 EL** Naturjoghurt · **1 EL** Schmand · **1 EL** Milch · **2** Spritzer Zitronensaft · **1 TL** Zucker · **1 Prise** Salz · **1 TL** tiefgekühlte Petersilie

- Salat waschen, putzen und trocknen. Alle anderen Zutaten für das Dressing in einer kleinen Schale miteinander verrühren. Abschmecken mit Salz.

Das passt dazu
- Das Dressing passt zu Kopfsalat oder bunten Salaten.

Und das, was übrig bleibt?
- Den Rest Schmand kann man für Quarkspeise verwenden. Er passt auch zu Gulaschsuppe (S. 41), Schupfnudeln mit Sauerkraut (S. 85) oder Szegediner Gulasch (S. 48).

Salat mit klarem Essig-Öl-Dressing
Die italienische Variante.

▶ **Für 1 Person**
Geht schnell
⏱ **5 Min.**

- 1 Hand voll Blattsalat nach Wahl
- ¼ Zwiebel
- 2 EL Rapsöl
- 2 EL Crema di balsamico (hell oder dunkel)
- ½ TL Senf
- 1 EL Orangensaft
- Salz | Pfeffer

- Salat waschen, putzen und trocknen. Die Zwiebel abziehen und ein Viertel der Zwiebel in feine Würfel schneiden. Den Rest der Zwiebel in einer kleinen, gut schließenden Frischhaltedose aufbewahren.
- Alle anderen Zutaten für das Dressing in einer kleinen Schale miteinander verrühren. Abschmecken mit Salz und Pfeffer.

Variante
- Geben Sie frische oder tiefgefrorene Kräuter zum Dressing. Wenn das Dressing dickflüssiger sein soll, alle Zutaten – bis auf das Öl – verrühren. Das Öl dann tröpfchenweise mit einem Schneebesen zügig unterschlagen.

Tipp
- Eine bunte Auswahl fertig geputzter Salate finden Sie im Kühlregal der Gemüseabteilung im Supermarkt.

1951 fand die erste Bundesgartenschau statt – diese beiden Nachwuchsgärtner üben schon fleißig.

Krabbensalat

Der norddeutsche „Fleischsalat".

▶ **Für 1 Person**
Gut vorzubereiten ⏱ **10 Min. + 12 Min. Garzeit**
1 Ei · **100 g** Nordsee-Krabben (aus dem Kühlregal) · ¼ kleine Zwiebel · 1 kleine Gewürzgurke · **2 EL** Mayonnaise · **1 EL** Gurkenwasser · Salz | Pfeffer · 1 Spritzer Zitronensaft · **1 TL** tiefgekühlte Petersilie

- Das Ei 10 bis 12 Min. hart kochen, abschrecken und pellen. Die Krabben mit kaltem Wasser abspülen, auf ein Stück Küchenkrepp legen und trocknen.

- Die Zwiebel abziehen. Ein Viertel der Zwiebel, Gurke und Ei in feine Würfel schneiden. Alles zusammen mit Mayonnaise und Gurkenwasser in eine kleine Schüssel geben.

- Die Zutaten verrühren und mit Salz, Pfeffer und Zitronensaft abschmecken. Krabben und Petersilie unterheben. Den Krabbensalat am besten über Nacht abgedeckt im Kühlschrank ziehen lassen.

- Den Salat in einer Schale anrichten, die zuvor mit Blattsalat ausgelegt wurde. Mit frischem Brot oder Toastbrot servieren.

Variante

- Anstatt Krabben können Sie auch Matjes nehmen. Verwenden Sie dann weniger Salz, da der Matjes bereits gesalzen ist.

- Mit Naturjoghurt anstelle von Mayonnaise lässt sich eine leichte Variante des Krabbensalats herstellen.

Leckereien für Gäste

Rühreivariationen

Wenn Sie Gäste zum späten Frühstück einladen.

▶ **Für 1 Person**
Gelingt leicht ⏱ **10 Min.**

2 Eier · **2 EL** Vollmilch · **1 TL** tiefgekühlte Kräuter nach Wahl · Muskatnusspulver · Salz | Pfeffer · **1 TL** Rapsöl

- In einer Schüssel die Eier mit der Milch und den Kräutern mit einem Schneebesen aufschlagen. Mit Muskatnusspulver, Salz und Pfeffer abschmecken.
- In einer beschichteten Pfanne das Öl bei mittlerer Temperatur erhitzen. Die Eiermasse in der Pfanne unter stetigem Rühren mit einem Pfannenwender stocken lassen.

Variante

- Rührei mit Zwiebelstreifen und Speck, mit frischen Champignons, Zucchiniwürfeln, Blutwurststücken oder Nordseekrabben zubereiten. Dafür die jeweiligen Zutaten in der Pfanne kurz anbraten, bevor man die Eier hinzugibt. Ausnahme sind die Nordseekrabben: Sie kommen erst zusammen mit dem Ei in die Pfanne.

Schinkenröllchen mit Spargel

Lässt sich gut vorbereiten.

▶ **Für 1 Person**
Geht schnell ⏱ **10 Min.**

4 Stangen weißer Spargel aus dem Glas · **1 TL** Mayonnaise · **¼ TL** Senf · **1 Spritzer** Zitronensaft · Salz | Pfeffer · **2 Scheiben** gekochter Schinken

- Spargelstangen aus dem Glas nehmen und auf Küchenkrepp abtropfen lassen. In einer Schüssel Mayonnaise, Senf und Zitronensaft verrühren. Abschmecken mit Salz und Pfeffer.
- Auf einem Schneidebrett die Schinkenscheiben ausbreiten. Beide Scheiben mit der angerührten Mayonnaise bestreichen. Die Spargelstangen an den Rand des Schinkens legen und dann den Schinken eng aufrollen.

Das passt dazu

- Toastbrot.

Tipp

- Ergänzt um Salzkartoffeln und Salat lässt sich aus Schinkenröllchen im Handumdrehen ein Hauptgericht zaubern.

Tomaten mit Mozzarella und Basilikum

Die Farben entsprechen denen der italienischen Nationalflagge.

▶ Für 2 Personen
Gelingt leicht ⓧ 10 Min.

4 Tomaten · **1** Kugel Mozzarella · **8** Blätter Basilikum · **1 EL** Olivenöl · **1 EL** Crema di balsamico · Salz | Pfeffer · **2** Ciabattabrötchen

- Die Tomaten waschen, den Strunk entfernen und jede Tomate in 4 Scheiben schneiden. Mozzarella aus der Verpackung nehmen, abtropfen und in 8 Scheiben schneiden.

- Alles fächerförmig auf einen großen Teller oder 2 Dessertteller anrichten. Dafür abwechselnd zwei Scheiben Tomaten, eine Scheibe Mozzarella und ein Blatt Basilikum aneinander legen.

- Olivenöl und Crema di balsamico über die angerichtete Speise tröpfeln, mit Salz und Pfeffer würzen. Ciabattabrötchen in Scheiben schneiden und dazugeben.

Salzgebäck mit Frischkäsecreme und saure Gurken

Eine schnell gemachte Kleinigkeit für überraschenden Besuch.

▶ Für 1 Person
Geht schnell ⓧ 5 Min.

5–7 Salzkräcker (z. B. von Tuc), ¼ Packung Kräuterfrischkäse (ca. 60 g) · **1 TL** tiefgekühlte Kräuter · **1** saure Gurke

- Die Kräcker auf der Salzseite mit Frischkäse bestreichen. Für jeden Kräcker etwa 1 TL Frischkäse nehmen. Kräuter auf die bestrichenen Kräcker streuen.

- Die saure Gurke in Scheiben schneiden und auf die Creme legen oder separat zum Salzgebäck reichen.

Variante

- Die Kräcker lassen sich vielseitig verwenden. Verwenden Sie beispielsweise Fischcreme aus der Tube oder Thunfisch anstelle von Frischkäse. Zum Frischkäse können Sie auch Räucherlachs oder Roastbeef geben.

Herrentoast mit Schweinefilet

Das schmeckt auch den Damen!

▶ **Für 1 Person**
Braucht etwas mehr Zeit
🕒 **30 Min.**

- ¼ kleine Zwiebel
- 1 mittelgroßer Champignon
- 2 TL Rapsöl
- 2 EL Weißwein
- 1 Prise Majoran, gerebelt
- 100 ml Pfannen-Sahnesauce (im Tetrapak von Thomy)
- 4 dünne Schweinefiletmedaillons (je ca. 25 g)
- 2 Scheiben Vollkorntoast
- 1 TL Butter
- ¼ TL tiefgekühlter Schnittlauch
- Salz | Pfeffer

- Die Zwiebel abziehen und ein Viertel in feine Streifen schneiden. Den Champignon putzen, waschen und in Scheiben schneiden.

- In einem Topf 1 TL Öl bei mittlerer Temperatur erhitzen. Darin die Champignonscheiben etwa 3 Min. leicht anbraten. Weißwein und Majoran dazugeben und noch 1 Min. unter Rühren köcheln lassen.

- Die Sahnesauce in den Topf geben. Aufkochen lassen und auf kleiner Flamme etwa 4 Min. unter gelegentlichem Rühren etwas einkochen. Mit Salz und Pfeffer abschmecken. Beiseite gestellt warm halten.

- In einer beschichteten Pfanne 1 TL Öl bei mittlerer Temperatur erhitzen. Die Schweinemedaillons mit Salz und Pfeffer würzen und in der Pfanne auf jeder Seite goldbraun braten. Die Zwiebelstreifen hinzugeben und kurz mitbraten. Die Pfanne beiseite ziehen.

- Das Brot im Toaster goldbraun rösten. Leicht abkühlen lassen und mit Butter bestreichen. Zum Servieren die Zwiebelstreifen und Medaillons auf den Toastscheiben verteilen und mit der Pilzsauce überziehen. Mit dem Schnittlauch dekorieren.

Tipp

- Dieses ist eher ein kleines Gericht. Als Hauptgericht können Sie Bratkartoffeln und Salat dazu essen.

Waffeln mit Kirschgrütze und Sahne
Da läuft einem das Wasser im Munde zusammen.

- Das Waffelmehl in eine Schüssel geben. Ei, Butter und Milch dazugeben und mit dem Handrührgerät 5 Min. auf höchster Stufe glatt rühren.
- In einer hohen vorgekühlten Schüssel die Sahne mit dem Vanillezucker steif schlagen. In eine Sahneschale umfüllen und im Kühlschrank kalt stellen.
- Kirschgrütze in eine Glasschale umfüllen. Das Waffeleisen aufheizen. Etwas Öl in eine Tasse füllen und das Waffeleisen mit einem Pinsel einfetten, sobald es heiß ist.
- 2 bis 3 EL Teig pro Waffel in die Mitte geben, den Deckel schließen und die Waffeln einige Min. backen, bis sie die gewünschte Bräunung haben.
- Fertige Waffeln auf ein Kuchengitter legen und mit Puderzucker bestäuben. Mit Kirschgrütze und Sahne servieren.

Variante
- Probieren Sie Rote Grütze anstelle von Kirschen. Auch Vanilleeis passt gut zu den Waffeln.

Tipp
- Es gibt verschiedene fertige Waffelteigmischungen. Bereiten Sie sie nach Angaben des Herstellers zu. Anstatt Sahne zu schlagen können Sie auch Sprühsahne verwenden.

▶ Für 6–7 Waffeln
Gelingt leicht
⏱ 15 Min. + 20 Min. Backzeit

- 1 Tüte Waffelteig (125 g, z. B. von Diamant)
- 1 Ei
- 75 g weiche Butter
- 2 EL Milch
- 1 Becher gekühlte Schlagsahne
- 1 TL Vanillezucker
- 1 Becher Kirschgrütze (500 g)
- Rapsöl zum Einfetten des Waffeleisens
- Puderzucker zum Bestreuen

Naschwerk für unterhaltsame Fernsehabende – bei „Was bin ich?" versammelte sich die ganze Familie.

Birnen-Pumpernickel-Creme

Das Schwarzbrot macht dieses Dessert besonders lecker.

▶ **Für 2 Personen**
Gelingt leicht
⏱ **15 Min.**

- 4 EL Birnenwürfel aus der Dose
- 1 Scheibe Pumpernickel
- 2 TL Honig
- ½ Becher Sahnequark (125 g)
- 4 EL Schmand
- 1 Becher Vanillepudding (150 g)
- 1 TL Vanillezucker
- 1 Spritzer Zitronensaft
- 2 Blatt frische Minze

- Birnenwürfel auf ein Sieb geben und abtropfen lassen.

- Den Pumpernickel in kleine Würfel schneiden und in einer Pfanne bei mittlerer Temperatur etwa 3 Min. trocken anrösten. Den Honig dazugeben und alles karamellisieren. Abkühlen lassen und mit einem Pfannenwender zerbröseln.

- Quark mit Schmand, Vanillepudding und Vanillezucker verrühren. Zitronensaft und die Birnenwürfel dazugeben und die Creme beiseite stellen.

- Die Quark-Birnen-Creme abwechselnd mit den Pumpernickelbröseln in zwei Dessertschälchen schichten. Mit Minze dekorieren.

Und das, was übrig bleibt?

- Birnenwürfel zwischendurch als Kompott essen. Den Quark als Brotaufstrich mit Marmelade essen oder für eine Quarkspeise verwenden (S. 105). Den Rest Schmand kann man für Salatdressing oder Quarkspeise verwenden. Er passt auch zu Gulaschsuppe (S. 41), Schupfnudeln mit Sauerkraut (S. 85) oder Szegediner Gulasch (S. 48).

Pfirsichtörtchen

Die kleinen Toreletts kann man prima auf Vorrat kaufen.

- Pfirsichspalten abtropfen lassen. Den Saft in einem Litermaß auffangen. In einer Tasse den Schmand mit dem Vanillezucker vermengen und gleichmäßig auf die Toreletts verteilen. Dann die Pfirsichspalten auf die Toreletts legen.
- 125 ml des Fruchtsafts – eventuell mit Wasser auffüllen – in einen kleinen Topf geben. Tortengusspulver mit dem Schneebesen einrühren. Die Flüssigkeit unter Rühren aufkochen. Etwas abkühlen lassen.
- Mit einem Backpinsel den Tortenguss über die Pfirsiche streichen, bis die Früchte vollständig benetzt sind.

▶ **Für 2 Personen**
Gelingt leicht
⏲ **20 Min.**
1 kleine Dose Pfirsichspalten
2 EL Schmand
1 Prise Vanillezucker
4 Mürbeteig-Toreletts
½ Tütchen klarer Tortenguss
1 EL Zucker

Variante

- Anstelle von Pfirsichen können Sie auch anderes Obst verwenden. Eventuell mit gehackten Pistazien dekorieren. Eine interessante Note bekommen Sie, wenn Sie zwischen die Pfirsichscheiben kleine Blätter von frischem Basilikum legen.

Und das, was übrig bleibt?

- Den Rest Schmand kann man für Salatdressing oder Quarkspeise verwenden. Er passt auch zu Gulaschsuppe (S. 41), Schupfnudeln mit Sauerkraut (S. 85) oder Szegediner Gulasch (S. 48). Toreletts sind meist in 2 × 4 Stück verpackt und lange haltbar.

Tipp

- Dicken Sie gleich einen ¼ Liter Saft mit Tortenguss an. Sie brauchen nicht alles für die Törtchen. Schneiden Sie einfach die restlichen Pfirsichstücke in den angedickten Saft, dann haben Sie schnell eine leckere Pfirsichgrütze.

Apfelstrudel mit Vanilleeis
Köstlich duftend zum Nachmittagskaffee.

▶ **Für 2 Personen**
Braucht etwas mehr Zeit
🕐 **30 Min. + 25 Min. Backzeit**

- 1 Apfel
- 2 EL Apfelkompott
- 1 Spritzer Zitronensaft
- 1 TL Vanillezucker
- 1 Prise Zimtpulver
- 2 EL Semmelbrösel
- 1 TL Hartweizengrieß
- 1 Eigelb
- 1 Platte frischer Blätterteig (aus dem Kühlregal)
- 4 EL Vanilleeis

- Den Ofen auf 210 Grad (Umluft 190 Grad) vorheizen. Den Apfel waschen, schälen, entkernen und in ca. 1 cm große Würfel schneiden. Die Apfelwürfel mit Apfelkompott und Zitronensaft in eine Schüssel geben. Vanillezucker, Zimtpulver, Semmelbrösel und Grieß dazugeben und alles vermengen.

- Das Eigelb in eine Tasse geben. 2 Blätterteigscheiben von etwa 10 × 12,5 cm schneiden. Die Ränder mit Eigelb bestreichen. Jeweils die Hälfte der Apfelmasse längs mittig auf die beiden Platten verteilen.

- Blätterteig mit dem Apfelmus einrollen. Die Enden zudrücken. Mit einer Gabel, die mit Wasser befeuchtet ist, Muster in die Teigenden drücken, um ihn zu verschließen.

- Mit einem Pinsel Eigelb über die Strudel streichen. Diese dann auf einem Backblech mit Backpapier auf der mittleren Schiene etwa 25 Min. goldbraun backen. Den Apfelstrudel lauwarm mit Vanilleeis servieren.

Und das, was übrig bleibt?
- Den Rest Blätterteig in Streifen schneiden, mit Eigelb einpinseln und mit geriebenem Käse bestreuen. Bei 200 Grad (Umluft 180 Grad) für 10 Min. im vorgeheizten Backofen backen. Die Käsestangen in einer Blechdose aufbewahren. Sie sind darin 1 bis 2 Wochen haltbar.

Tipp
- Fertigen Apfel- oder Quarkstrudel gibt es auch im Tiefkühlfach. Der Strudel kommt tiefgefroren in den Backofen und ist nach 45 Min. servierfertig.

Register

3-Gänge-Menü 17

Allergie 20
Allergologe 20
Alltagsgeschirr 17
Amara-Tropfen 18
Antirutschmatten 16
Appetitlosigkeit 18, 19
Arthrose 18

Backzeit 23
Ballaststoffe 20
Bewegungseinschränkung 18
Bitter-Elixier 18
Buttermilch 9

Diätassistentin 20
Dosenöffner 16
Durst 9
Durstgefühl 18

Einkaufen 11
– Fertigprodukte 12
– Hackfleisch 11
– Lebensmittel-Discounter 11
– Obstsalat 12
– Tiefkühlprodukte 11
EInkaufen
– kleine Mengen 11
Einkaufstrolley 12
Essen auf Rädern 13
Essplatz 17

Fertiggerichte 12
Fertigprodukte 12
Fett 9
Fisch 9
Fließgeschwindigkeit 21
Frühstück 10

Garzeit 23
Gehhilfe 13
Gemüse 8
Gewichtsabnahme 22
Griffverdickungen 18
Grundausstattung 15

Haferflocken 8
Haushaltsgeräte 16

Joghurt 8

Kartoffeln 8
Käse 9
Kochen
– Grundausstattung 15
Kohlenhydrate 8
Konserven 14
Küchenutensilien 15
Kühlschrank 14
Kümmeltee 18

Lagerung 14
Laktoseintoleranz 9
Leitungswasser 9
Lieferservice 14

– Essen auf Rädern 13
– Seniorenzentrum 13
– Wohlfahrtsverband 13
Logopäde 21

Mahlzeiten 9
Malzbier 22
Mikrowelle 16
Milch 9
Milchprodukte 8
– Eiweiß 8
– Kalzium 8
Mindesthaltbarkeitsdatum 15
Mineralwasser 9
Mittagstisch 17
Müsli 8

Nährstoffe 8
Nudeln 8

Obst 8

Pepsinwein 18
Pfannenwender 16

Quark 8

Reis 8

Saftschorle 9
Schädlingsbefall 14
Schimmel 15
Schlucken 21

Schluckstörungen 21, 22
– Fließgeschwindigkeit 21
– Fruchtjoghurt 21
– Konsistenz 21
– Mischkonsistenzen 21
Schneidebretter 16
Serviette 17
Stabmixer 16

Tee 9
Tellerranderhöhung 18
Tiefkühlprodukte 11
Trinkbecher 18
Trinken 9, 19
Trockenprodukte 14

Unverträglichkeit 20

Verbrauchsdatum 15
Verschlussöffner 16
Versteifungen 18
Verstopfung 20
Vorrat 12

Wasser 18
Wasserkocher 16
Wassermangel 19
Wermuttee 18

Zahnprobleme 20
Zubereitung 15
Zwischenmahlzeiten 10

Rezeptregister

A
Altdeutsches Schnitzel 62
Apfel
- Apfel-Möhren-Saft mit Kresse 95
- Apfelstrudel mit Vanilleeis 134
- Bratapfel mit Vanillesauce 104

Arme Ritter mit Ahornsirup 100

B
Banane
- Bananenmilch 94
- Haferflockenmüsli mit Banane 28

Bauernfrühstück 83
Bauernroulade mit Apfelrotkohl und Kartoffeln 48
Béchamelkartoffeln mit Essiggemüse 81
Blattspinat 74
Beeren
- Beerenkaltschale 96
- Joghurt mit Beeren und Zwieback 29
- Porridge mit Erdbeeren 26
- Pürierter Beeren-Cocktail (Smoothie) 94
- Quarkspeise mit frischen Erdbeeren 105
- Vanillecreme mit Erdbeeren 105

Birnen-Pumpernickel-Creme 132
Bockwurst mit Kartoffel-Möhren-Gemüse 59
Bohnenpfanne mit Kabanossi-Wurst 90
Bohnensalat 55
Bohnensuppe 35
Bratapfel mit Vanillesauce 104
Brathähnchen mit Gurkensalat 66
Bratkartoffeln mit Speck und Spiegelei 81
Brokkoli-Blumenkohl-Auflauf 88
Brot mit Hering in Tomatensauce und Avocado 119
Brühe, klare mit Grießklößchen 38

C
Cevapcici 45
Chicoréesalat mit Sahnedressing 120
Cocktaildressing 121

E
Eier
- Bauernfrühstück 83
- Bratkartoffeln mit Speck und Spiegelei 81
- Grüne Sauce mit gekochten Eiern und Kartoffeln 78
- Omelett, spanisches mit Oliven und Paprika 84
- Rühreivariationen 126
- Senfeier mit Kartoffeln und Roter Bete 80
- Tortilla-Auflauf mit Schinken 84

Erbsensuppe aus Erbswurst 40
Essig-Öl-Dressing 122

F
Fisch
- Hering mit Brot in Tomatensauce und Avocado 119
- Lachsfilet mit Blattspinat und Salzkartoffeln 74
- Matjes-Bohnen-Salat mit Salzkartoffeln 118
- Matjesfilet „Hausfrauen Art" mit Pellkartoffeln 117
- Rotbarschfilet, überbackenes mit Sauce Hollandaise und Kartoffeln 73
- Schollenfilet, paniertes mit Remoulade und Kartoffelsalat 72
- Seelachs mit Bratkartoffeln und Gurkensalat 77

Fleisch
- Bauernroulade mit Apfelrotkohl und Kartoffeln 48
- Frikadelle mit Erbsen-Möhren-Gemüse 44
- Grünkohl „bürgerlich" mit Kasselerbraten 44
- Hirschgulasch mit Rosenkohl und Klößen 54
- Herrentoast mit Schweinefilet 128
- Kasselerbraten mit Grünkohl „bürgerlich" 44
- Königsberger Klopse mit Butterreis und Roter Bete 45
- Kohlroulade, pikante mit Salzkartoffeln 47
- Landhaustopf Hubertus mit Champignons, Spätzle und Bohnensalat 55
- Minischnitzel mit buntem Kartoffelsalat 49
- Pfannengyros mit Reis und Tomatensalat 60
- Rinderroulade mit Bohnen und Kartoffelklößen 46
- Rindfleischsalat mit Baguette 110
- Rindfleischsuppe mit Nudeln und Eierstich 34
- Sauerbraten mit Apfelrotkohl und Spätzle 49
- Sauerkraut mit Schweinebauch 59
- Schaschlik mit Paprika 53
- Schnitzel, altdeutsches 62
- Schweinegeschnetzeltes Zürcher Art mit Rösti 56
- Szegediner Gulasch mit Kartoffeln 48

Frikadelle mit Erbsen-Möhren-Gemüse 44
Frischkäsecreme mit Salzgebäck und sauren Gurken 127

G
Geflügel
- Brathähnchen mit Gurkensalat 66
- Hähnchen-Frikassee mit Erbsen und Champignons 68

Gefüllte Paprikaschote mit Reis 51
Grießklößchen 38
Grießschnitten mit Aprikosen 103
Grüne Sauce mit gekochten Eiern und Kartoffeln 78
Grünkohl „bürgerlich" mit Kasselerbraten 44
Gurkensalat 66
Gulaschsuppe 41

H
Haferflockenmüsli mit Banane 28
Hähnchen-Frikassee mit Erbsen und Champignons 68
Hefeklöße mit frischem Pflaumenkompott 98
Herrentoast mit Schweinefilet 128
Herzhafter Pfannkuchen mit Gemüse 91
Himmel und Erde 85
Hirschgulasch mit Rosenkohl und Klößen 54
Hülsenfrüchte
- Bohnensalat 55
- Bohnensuppe 35
- Deftige Bohnenpfanne mit Kabanossi-Wurst 90
- Linseneintopf mit Speck 41

J
Joghurtdressing 121
Joghurt-Früchte-Müsli 28
Joghurt mit Beeren und Zwieback 29

K
Kartoffeln
- Bauernfrühstück 83
- Béchamelkartoffeln mit Essiggemüse 81
- Bratkartoffeln mit Speck und Spiegelei 81
- Himmel und Erde 85
- Kartoffel-Möhren-Gemüse mit Bockwurst 59
- Pellkartoffeln mit Kräuterquark 80

137

REGISTER

– Reibekuchen mit Apfelkompott 89
Käse-Lauch-Cremesuppe mit Hackfleisch 35
Käse-Ravioli mit Tomatensauce und Salat 69
Käsespätzle mit Salat 68
Klare Brühe mit Grießklößchen 38
Königsberger Klopse mit Butterreis und Roter Bete 45
Köstliche Sonntagsbrötchen 31
Kohlroulade, pikante mit Salzkartoffeln 47
Krabbensalat 124

L
Lachsfilet mit Blattspinat und Salzkartoffeln 74
Landhaustopf Hubertus mit Champignons, Spätzle und Bohnensalat 55
Laugenbrezel mit Butter und Radieschen 112
Leberknödelsuppe 34
Leber mit Kartoffelpüree, Zwiebeln und Apfelmus 65
Linseneintopf mit Speck 41

M
Matjes-Bohnen-Salat mit Salzkartoffeln 118
Matjesfilet „Hausfrauen Art" mit Pellkartoffeln 117
Maultaschen, schwäbische 89
Mettbrötchen mit Zwiebelringen 112
Milchnudeln mit Kompott 100
Milchreis mit Zimt und Zucker 101
Minischnitzel mit buntem Kartoffelsalat 49
Möhren
– Apfel-Möhren-Saft mit Kresse 95
– Bockwurst mit Kartoffel-Möhren-Gemüse 59

– Möhrencremesuppe mit Ingwer 37

N
Nierchen, saure mit Butterreis 63
Nudelauflauf mit Tomatensauce 69
Nürnberger Würstchen mit Sauerkraut und Kartoffelpüree 42

O
Obstmichl mit Mandarinen 101
Omelett, spanisches mit Oliven und Paprika 84

P
Paniertes Schollenfilet mit Remoulade und Kartoffelsalat 72
Paprikaschote, gefüllte mit Reis 51
Pellkartoffeln mit Kräuterquark 80
Pfannengyros mit Reis und Tomatensalat 60
Pfannkuchen, herzhafter mit Gemüse 91
Pflaumenkompott mit Hefeklößen 98
Pfirsichmilch 95
Pfirsichtörtchen 133
Pikante Kohlroulade mit Salzkartoffeln 47
Pikante Sülze mit Remoulade und Schmorkartoffeln 86
Pizzaschnitte 114
Porridge mit Erdbeeren 26
Pürierter Beeren-Cocktail (Smoothie) 94

Q
Quarkspeise mit frischen Erdbeeren 105
Quarkspeise mit Sauerkirschen und Pumpernickel 106

R
Reibekuchen mit Apfelkompott 89
Reispfanne mit Cevapcici 45
Rhabarbergrütze 104
Rinderroulade mit Bohnen und Kartoffelklößen 46
Rindfleischsalat mit Baguette 110
Rindfleischsuppe mit Nudeln und Eierstich 34
Rosenkohl-Kartoffel-Gratin 88
Rosinenbrötchen mit Butter und Apfelmus 31
Rotbarschfilet, überbackenes mit Sauce Hollandaise und Kartoffeln 73
Rühreivariationen 126

S
Sahnedressing 120
Salat mit klarem Essig-Öl-Dressing 122
Salat mit rotem Cocktaildressing 121
Salat mit weißem Joghurtdressing 121
Salzgebäck mit Frischkäsecreme und saure Gurken 127
Sauerbraten mit Apfelrotkohl und Spätzle 49
Sauerkraut mit Schupfnudeln 72
Sauerkraut mit Schweinebauch 59
Sauerkraut, Nürnberger Würstchen und Kartoffelpüree 42
Saure Nierchen mit Butterreis 63
Schaschlik mit Paprika 53
Schinkenröllchen mit Spargel 126
Schnitzel, altdeutsches 62
Schokoladenpudding mit Pfiff 106
Schupfnudeln mit Sauerkraut 72
Schwäbische Maultaschen 89

Schweinegeschnetzeltes Zürcher Art mit Rösti 56
Seelachs mit Bratkartoffeln und Gurkensalat 77
Senfeier mit Kartoffeln und Roter Bete 80
Spaghetti Bolognese mit geriebenem Käse 71
Spanisches Omelett mit Oliven und Paprika 84
Spargelcremesuppe mit Räucherlachs 40
Sülze, pikante mit Remoulade und Schmorkartoffeln 86
Szegediner Gulasch mit Kartoffeln 48

T
Tiramisu 109
Toast Hawaii 113
Toast mit Schnittlauchquark und Tomaten 113
Tomaten
– Toast mit Schnittlauchquark und Tomaten 113
– Tomaten mit Mozzarella und Basilikum 127
– Tomatensalat 60
– Tomatensuppe mit Basilikum 32
– Tomate-Paprika-Blutorangen-Drink 93
Tortilla-Auflauf mit Schinken 84

V
Vanillecreme mit Erdbeeren 105

W
Waffeln mit Kirschgrütze und Sahne 131
Würstchen, Nürnberger mit Sauerkraut und Kartoffelpüree 42

Z
Zwieback mit heißer Milch und Mandarinen 29

IMPRESSUM

Bibliografische Information der Deutschen Nationalbibliothek
Die Deutsche Nationalbibliothek verzeichnet diese Publikation in der Deutschen Nationalbibliografie; detaillierte bibliografische Daten sind im Internet über http://dnb.d-nb.de abrufbar.

Programmplanung: Uta Spieldiener
Redaktion: Anja Fleischhauer
Bildredaktion: Christoph Frick

Umschlaggestaltung und Layout:
Cyclus · Visuelle Kommunikation,
70186 Stuttgart

Umschlagfoto: Stockfood
Fotos im Innenteil: Archive Photos/Gettyimages: S. 53; collector/voller-ernst: S. 74; Hulton Archive/Gettyimages: S. 37; Chris Meier, Stuttgart: S. 26/27, 30, 32/33, 36, 39, 42/43, 50, 52, 57, 58, 61, 64, 67, 70, 75, 76, 78/79, 82, 87, 92, 97, 98/99, 102, 107, 108, 110/111, 115, 116, 123, 124/125, 129, 130, 135; Monkey Business/Fotolia.com: S. 5, 6, 13, 24; Photo Disc: S. 131; picture-alliance/dpa: S. 86; picture-alliance/Everett Collection/Old Visuals: S. 96, 118; Jacques Rouchon/akg-images: S. 71; Stockfood: S. 3; SuperStock/gettyimages: S. 93, 114, 122

1. Auflage

© 2012 TRIAS Verlag in MVS Medizinverlage Stuttgart GmbH & Co. KG
Oswald-Hesse-Straße 50, 70469 Stuttgart

Printed in Germany

Satz und Repro: kaltner verlagsmedien GmbH, Bobingen
gesetzt in (Satzsystem): InDesign CS5
Druck: AZ Druck und Datentechnik GmbH, Kempten

Gedruckt auf chlorfrei gebleichtem Papier

ISBN 978-3-8304-3940-0

Auch erhältlich als E-Book:
eISBN (PDF) 978-3-8304-3941-7
eISBN (ePub) 978-3-8304-6549-2

Wichtiger Hinweis: Wie jede Wissenschaft ist die Medizin ständigen Entwicklungen unterworfen. Forschung und klinische Erfahrung erweitern unsere Erkenntnisse, insbesondere was Behandlung und medikamentöse Therapie anbelangt. Soweit in diesem Werk eine Dosierung oder eine Applikation erwähnt wird oder Ratschläge und Empfehlungen gegeben werden, darf der Leser zwar darauf vertrauen, dass Autoren, Herausgeber und Verlag große Sorgfalt darauf verwandt haben, dass diese Angaben dem Wissensstand bei Fertigstellung des Werkes entsprechen, jedoch kann eine Garantie nicht übernommen werden. Eine Haftung des Autors, des Verlags oder seiner Beauftragten für Personen-, Sach- oder Vermögensschäden ist ausgeschlossen.

Geschützte Warennamen (Warenzeichen) werden nicht besonders kenntlich gemacht. Aus dem Fehlen eines solchen Hinweises kann also nicht geschlossen werden, dass es sich um einen freien Warennamen handelt.

Das Werk, einschließlich aller seiner Teile, ist urheberrechtlich geschützt. Jede Verwertung außerhalb der engen Grenzen des Urheberrechtsgesetzes ist ohne Zustimmung des Verlags unzulässig und strafbar. Das gilt insondere für Vervielfältigungen, Übersetzungen, Mikroverfilmungen und die Einspeicherung und Verarbeitung in elektronischen Systemen.

1 2 3 4 5 6

SERVICE

Liebe Leserin, lieber Leser,

hat Ihnen dieses Buch weitergeholfen? Für Anregungen, Kritik, aber auch für Lob sind wir offen. So können wir in Zukunft noch besser auf Ihre Wünsche eingehen. Schreiben Sie uns, denn Ihre Meinung zählt!

Ihr TRIAS Verlag
E-Mail Leserservice: heike.schmid@medizinverlage.de
Lektorat TRIAS Verlag, Postfach 30 05 04, 70445 Stuttgart, Fax: 0711 89 31-748

Besuchen Sie uns auf facebook!
www.facebook.com/
gesundeernaehrungtrias

Gesund werden – gesund bleiben
mit TRIAS und Dr. Volker Schmiedel

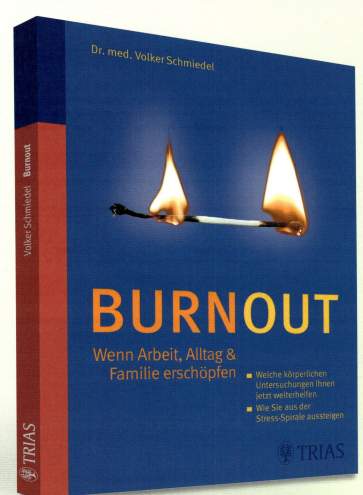

Damit Alltag & Familie Sie nicht erschöpfen!

Burnout
143 Seiten, 14 Abbildungen
€ 14,95 [D] / € 15,40 [A]
CHF 27,50
ISBN 978-3-8304-3549-5

In Ihrer Buchhandlung
Titel auch als E-Book

Weitere Bücher zum Thema:
www.trias-verlag.de

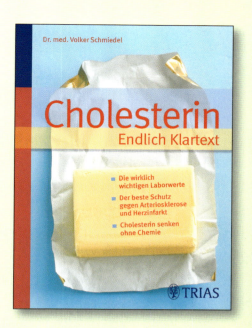

Hohe Cholesterin-Werte? Alternativen statt Medikamente

Cholesterin - Endlich Klartext!
117 Seiten, 22 Abbildungen
€ 14,95 [D] / € 15,40 [A] / CHF 27,50
ISBN 978-3-8304-3698-0

Probleme mit Leber & Galle? Ihre „Kläranlage" braucht Wartung!

Hausputz für Leber & Galle
200 Seiten, 40 Abbildungen
€ 17,99 [D] / € 18,50 [A] / CHF 25,20
ISBN 978-3-8304-6044-2

Neue Hoffnung für Diabetiker

Typ-2-Diabetes: Heilung ist doch möglich
157 Seiten, 44 Abbildungen
€ 14,95 [D] / € 15,40 [A] / CHF 27,50
ISBN 978-3-8304-3923-3

Diagnose Reizdarm: Nie täuschen sich Mediziner häufiger

Verdauung! 99 verblüffende Tatsachen
136 Seiten, 35 Abbildungen
€ 14,95 [D] / € 15,40 [A] / CHF 27,50
ISBN 978-3-8304-3428-3

Älter werden mit TRIAS:
Aus Liebe zum Leben!

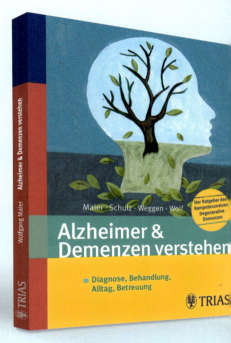

**Mehr als nur Kreuzworträtsel …
Übungen, die erstmalig Körper &
Geist gleichzeitig trainieren**
Bettina M. Jasper
Geistig fit & mobil bis ins hohe Alter
175 Seiten, 108 Abbildungen
€ 19,95 [D] / € 20,60 [A] / CHF 34,90
ISBN 978-3-8304-3497-9

**Kompetent und sicher zu Hause
pflegen: Der bewährte Ratgeber
des Deutschen Caritas-Verbandes**
Ingeburg Barden
**Der große Caritas-Ratgeber
Hauskrankenpflege**
336 Seiten, 220 Abbildungen mit DVD
€ 24,95 [D] / € 25,70 [A] / CHF 42,40
ISBN 978-3-8304-3447-4

**Kompetenter Rat bei Demenzen:
Der Ratgeber des Kompetenznetzes
Degenerative Demenzen**
Maier · Schulz · Weggen · Wolf
Alzheimer und Demenzen verstehen
169 Seiten, 25 Abbildungen
€ 17,99 [D] / € 18,50 [A] / CHF 25,20
ISBN 978-3-8304-6441-9

**In Ihrer Buchhandlung
Titel auch als E-Book**

Weitere Bücher zum Thema:
www.trias-verlag.de

Alzheimer & Demenzen
Wertvolle Tipps zur Kommunikation

- Basiert auf dem bundesweiten Schulungsprogramm „EduKation"
- Neue Wege des Miteinanders machen neuen Mut und geben Zuversicht
- Die DVD zeigt Beispielsituationen und konkrete Lösungen

Sabine Engel
Alzheimer & Demenzen
192 Seiten, 24 Abbildungen
€ 24,99 [D] / € 25,70 [A] / CHF 35,–
ISBN 978-3-8304-3983-7

In Ihrer Buchhandlung
Titel auch als E-Book

Weitere Bücher zum Thema:
www.trias-verlag.de

wissen, was gut tut

2012/2054